John Ross
Mexiko

UNRAST

John Ross, einer der besten Kenner Mexikos hat diesen Reisebegleiter für all jene geschrieben, die sich nicht mit den dürftigen Hintergrundinformationen eines Lonely Planet zufrieden geben wollen. Obwohl Ross ein Autor mit langjähriger linker Tradition ist, schrieb er diesen kulturellen, historischen und politischen Führer gezielt aus einer ausgewogenen Perspektive, um einen möglichst breiten Leserkreis anzusprechen Faktenreichtum gepaart mit in Nebensätze verpackten Anekdoten verleihen dem Buch einen hohen informativen Wert und machen das Lesen gleichzeitig zu einem Genuss. Die Geschichte vor der spanischen Conquista, das Geschehen während des Unabhängigkeitskrieges und die Wirren der mexikanischen Revolution werden ebenso behandelt wie die moderne Zeitgeschichte. Politische Parteien, der Zapatistische Aufstand, die notorische Korruption in den gesellschaftlichen Strukturen, Kunst und Literatur - jeder Facette des mexikanischen Alltagslebens ist ein kurzes Kapitel gewidmet. Und zum Schluss gibt tatsächlich noch ein paar ›echte‹ Touri-Tipps.

John Ross, in Mexiko-Stadt wohnender US-amerikanischer Schriftsteller und Journalist, berichtet seit 30 Jahren über die sozialen Kämpfe in Mexiko und anderen lateinamerikanischen Staaten. Von der linken Tageszeitung *La Jornada* einst als »der neue John Reed« bezeichnet, hat Ross neben zahlreichen Beiträgen zu Zeitschriften und Zeitungen zuvor zwei viel beachtete Bücher zum Aufstand der Zapatistas geschrieben: 1995 erschien »Rebellion from the Roots - Indian Uprising in Chiapas« und 2000 »The war against oblivion - the Zapatista Chronicle«.

John Ross

Mexiko

Geschichte –Gesellschaft – Kultur

herausgegeben und übersetzt von Klaus Pedersen

UNRAST

Bibliographische Information der Deutschen Bibliothek:
Die Deutsche Bibliothek verzeichnet diese Publikation in der Deutschen Nationalbibliographie; detaillierte bibliographische Daten sind im Internet über http.//dnb.ddb.de abrufbar.

Danksagung

Ohne Annes Hilfe, die den auf Band gesprochenen Übersetzungstext in Computerdateien verwandelte, wäre das Buch wahrscheinlich gar nicht entstanden. Luz danke ich für viele Stunden Scan-Arbeit, durch die aus der Bleiwüste eine blühende, sprich bebilderte Buchlandschaft wurde. Darüber hinaus gilt mein Dank ihm sowie Dorit, Hiltrud, Marta, Ben und Gerd für das zur Verfügung stellen von Fotos.

Klaus Pedersen, Jena, Mai 2004

John Ross - Mexiko
1. Aufl., August 2004
ISBN 3-89771-018-8

Postfach 8020, 48043 Münster - Tel. (0251) 66 62 93
info@unrast-verlag.de
www.unrast-verlag.de
Mitglied in der *assoziation Linker Verlage* (aLiVe)

Umschlag: Online Design GmbH
Satz: *ImPrint* Verlagsservice, Jörn Essig-Gutschmidt, Münster
Druck: Interpress, Budapest

Inhalt

Vorwort

John Ross, US-Amerikaner, langjähriger Einwohner von Mexiko-Stadt und gründlicher Kenner Mexikos, ist ein linker Autor. Darüber besteht kein Zweifel. Das belegen nicht zuletzt seine zwei einflussreichen, in englischer Sprache erschienen Bücher *Rebellion from the Roots. Indian Uprising in Chiapas* (1995) und *The War against Oblivion. The Zapatista Chronicle* (2000). Sowie die von ihm herausgegebene Zeitschrift *México Barbaro*. Doch das vorliegende Buch ist kein ausgesprochen ›linkes‹, auch daran besteht kein Zweifel. Dessen ungeachtet ist es ein sehr nützliches und - hoffentlich - sehr lesbares Buch. Es ist derzeit wohl das einzige deutschsprachige Buch, dass die mexikanische Geschichte und Gesellschaft in einem Zug von der präkolumbianischen Epoche bis in die Neuzeit porträtiert.

Die Kürze und Anekdotenhaftigkeit haben ihre Vor- und Nachteile. Der Band ist schmal genug, um sich als Reisebegleiter zu empfehlen und der/dem Reisenden die im Lonely Planet unterbelichtete geschichtlich-kulturelle und politische Dimension zu liefern. Die Anekdotenhaftigkeit macht das Buch zugleich zu einem kurzweiligen Leseerlebnis. Aber gerade dieser Stil und die geraffte Darstellung sind es, die dazu führen, dass bestimmte Zusammenhänge sehr verkürzt beschrieben werden und sich manchmal fast wie Fehleinschätzungen lesen. Mit Hilfe von Fußnoten wurde versucht, das Bild an diesen Stellen zurechtzurücken. Auch muss eingeräumt werden, dass ein paar Passagen, die auf den links geprägten Leser wie ein Lobgesang auf die neoliberale Politik der Fox-Regierung wirken, letztlich nichts anderes sind als eine nüchterne Beschreibung der mexikanischen Realität, wo - ähnlich wie hier - bei beachtlichen Teilen der Gesellschaft die tägliche Gehirnwäsche so gut zu funktionieren scheint, dass die schöne neue Welt subjektiv tatsächlich so empfunden wird. Zumindest scheint diese Gehirnwäsche die Vorstellungskraft derart getrübt zu haben, dass bei diesen Bevölkerungsteilen eine andere Welt derzeit außerhalb der Vorstellungskraft liegt.

Schließlich muss der Herausgeber gestehen, dass er keine tiefer gehenden Bemühungen unternommen hat, um aufzuklären, inwiefern manche der mit Fußnoten bedachten Formulierungen vielleicht gar nicht von John Ross stammen. Die Vorlage der deutschen Übersetzung war die zweite, im Jahr 2003 erschienene englische Ausgabe, »mit zusätzlichen Beiträgen und Aktualisierungen von Gregory Gransden«, einem kanadischen Journalisten und Filmemacher. Diese »Beiträge und Aktualisierungen« sind allerdings im Original nicht gekennzeichnet. John Ross beantwortet eine diesbezügliche Anfrage im November 2003 mit den Worten: »Ich schrieb die ursprüngliche Ausgabe des Titels, aber lehnte eine Aktualisierung mit der Begründung ab, dass ich nicht an der Durchsicht früherer Texte interessiert bin - man muss voranschreiten. Deshalb bin ich nicht wirklich verantwortlich für den in der neuen Ausgabe hinzugefügten Text und habe diese in der Tat kaum durchgeblättert.«

Es wird also ein Geheimnis bleiben, was nachträglich verändert wurde. Erhalten geblieben ist jedoch der lakonische Stil. Und was einer linken Perspektive zuwiderlief wurde versucht, durch Fußnoten zu konterkarieren.

Klaus Pedersen, Jena, im Mai 2004

Einführung

Am Abend des 2. Juli 2000 begann man in ganz Mexiko gerade mit den Siegesfeiern, um ein weiteres *Sexenio* (sechsjährige Regierungsperiode) der Partei der Institutionellen Revolution (PRI) in Lateinamerikas zweitgrößtem Land zu feiern.

Seit dem Ende der mexikanischen Revolution von 1910 hatte die PRI das Land beherrscht, indem sie jede Präsidentschaftswahl mit Hilfe von politischer List, Zwang, Protektion und manchmal unverblümtem Wahlbetrug gewann. Diese Partei hatte kaum einen Grund anzunehmen, dass sie diese Wahl verlieren würde - obwohl es die erste war, die unter neuen Regeln abgehalten wurde, welche eine korrekte Stimmabgabe und einen fairen Wahlvorgang garantierten.

Als jedoch die ersten Hochrechnungen eintrafen, wich die allgemeine Heiterkeit bestürztem Unglauben. Jene Partei, die Mexiko 71 Jahre als ›perfekte Diktatur‹ regiert hatte, wurde von einer unerwarteten politischen Kraft aus der Regierung gedrängt: dem Kandidaten der Mitte-Rechts-Opposition, der Nationalen Aktionspartei (PAN), einem extravaganten ehemaligen Coca-Cola-Manager und Rancher namens Vicente Fox Quesada. Die Mexikaner trauten ihren Augen kaum, als kurze Zeit später der scheidende Präsident Ernesto Zedillo im Fernsehen die Niederlage eingestand.

Fox' einfacher Wahlslogan - *ya!* (genug!) - fasste das Verlangen von Millionen Mexikanern zusammen, die der Armut, Korruption und Misswirtschaft überdrüssig waren, die in zunehmendem Maße mit der PRI in Zusammenhang gebracht wurde, überdrüssig waren. Sein Sieg markierte die erste friedliche Machtübergabe an die Opposition in der oftmals turbulenten Geschichte Mexikos - ein Ereignis vergleichbar dem Tod Francos in Spanien oder dem Ende der Apartheid in Südafrika.

Mit über 97 Millionen Einwohnern ist Mexiko das größte spanisch sprechende Land der Welt. Unter der PRI-Herrschaft wurde es von Washington oft als störender Nachbar betrachtet, als das Land, aus dem die Drogen, die illegalen Einwanderer und die Instabilität kommen. Doch dem neuen demokratischen Mexiko sind Präsident George W. Bush und der amerikanische Kongress zugetan, wie keine amerikanische Regierung zuvor. Als zweitgrößter Handelspartner nimmt die strategische Bedeutung Mexikos noch zu.

Die PRI hat Mexiko zweifellos ein gemischtes Erbe hinterlassen. Einerseits konnte die Partei auf jahrzehntelange politische Stabilität und ökonomischen Fortschritt verweisen, worum das Land von ganz Lateinamerika beneidet wurde. Nach Abschluss des nordamerikanischen Freihandelsabkommens (NAFTA) mit den USA und Kanada im Jahre 1994 wuchs Mexikos Bedeutung als Hersteller von Autos, Elektronik und industriellen Gütern. Viele der größten mexikanischen Firmen sind selbst transnationale Unternehmen, und die glänzenden Wolkenkratzer und Firmensitze in Mexiko-City, Guadalajara und Monterrey zeugen von einer modernen Industrienation. Der Export von Musik, Filmen, Popstars und *Telenovelas* (Seifenopern)

Proteste gegen ALCA (das geplante Freihandelsabkommen für die beiden amerikanischen Kontinente) und den neoliberalen ›Plan Puebla Panamá‹ sind in Mexiko ständig auf der Tagesordnung. (Foto: Gerd Schmitt)

haben der mexikanischen Unterhaltungskultur ein riesiges Publikum in Nordamerika, Europa und Asien erschlossen, und seine Universitäten und kulturellen Institutionen gehören zu den größten und wichtigsten in Lateinamerika.

Aber die PRI stand auch in der Verantwortung, als, beginnend in den späten siebziger Jahren, Millionen von Mexikanern durch eine Serie von Sechs-Jahres-Krisen in Armut gestürzt wurden und sich das Land tief verschuldete. Drogenhandel, offizielle Korruption, steigende Kriminalität und die Handlungsunfähigkeit der Regierung während des 1985er Erdbebens in Mexiko-Stadt diskreditierte die PRI in den Augen einer wachsenden Zahl von Mexikanern. Die PRI hinterließ ein ökonomisches System, das Einkommensunterschiede aufweist, die weltweit zu den gravierendsten gehören. Obwohl Mexiko das einzige lateinamerikanische Land ist, das der OECD, also dem Club der reichen Industrienationen angehört, sind Armutsniveau, Kindersterblichkeit, Fehlernährung und Bildungsmangel mit Nicaragua und El Salvador vergleichbar, die zu den ärmsten Nationen des Kontinents zählen. Etwa 40 Millionen Menschen leben von weniger als 3 Dollar pro Tag und kratzen ihre (Über-)Lebensgrundlage in den entlegenen Bergen und Wüsten oder in den riesigen Slums der Großstädte sprichwörtlich zusammen. Sie repräsentieren das, was der Anthropologe Guillermo Bonfi als *México Profundo* (tiefes Mexiko) bezeichnete.

Der Aufstand der Zapatistas im südlichen Bundesstaat von Chiapas erinnerte die Mexikaner und die Welt daran, dass die 8,7 Millionen Ureinwohner des Landes – etwa die Hälfte der in Lateinamerika lebenden Ureinwohner – in einer Misere leben, die sich nur wenig von der Leibeigenschaft des Feudalismus unterscheidet. Zugleich hat Mexiko mehr Milliardäre (13) als irgendein anderes Land dieser Region, und die nahezu kastenartige Struktur der Gesellschaft macht einen sozialen Aufstieg für Angehörige der Unterschicht, die größtenteils aus Mestizen und Indigenas besteht, nahezu unmöglich.

Unter der PRI-Herrschaft hatte Mexiko die Attribute eines demokratischen Staatswesens – ein gewähltes Parlament, eine formal unabhängige Justiz, ein föderales System, eine liberale Verfassung – aber diese Institutionen waren ohne demokratische Substanz. Die längst überfällige Bildung einer pluralistischen Regierung erweckte die Hoffnung, dass Mexiko endlich das Erbe von Armut und Misswirtschaft überwinden könnte, das diese erwachende Riesennation so lange behindert hat.

Das Land

Die Grenzen

Im Schutze der Dunkelheit gleiten Wanderarbeiter ohne Dokumente in das Wasser des Flusses und versuchen, auf die andere Seite zu kommen. Diese Szenen wiederholen sich Nacht für Nacht sowohl an der südlichen als auch der nördlichen Grenze von Mexiko.

Die südliche Grenze mit den Nachbarländern Guatemala und Belize schlängelt sich durch die dünn besiedelten Sümpfe und Urwälder von Chiapas, Tabasco und Quintana Roo. Im Gegensatz dazu wird die 3.160 km lange nördliche Grenze von Agenten der US-Einwanderungsbehörde streng bewacht. Mexikos nördliche Grenze stellt die längste und vielleicht sogar die einzige Landgrenze zwischen der ›Ersten‹ und der ›Dritten Welt‹ dar. Diese zwei Grenzen definieren eine geopolitische Zwickmühle, in der sich Mexiko während seiner gesamten jüngeren Geschichte befindet. Ist es nun die nördlichste Nation Lateinamerikas oder ist es ein südlicher Vorposten des nordamerikanischen Kontinents?

Der belebteste Übergang an der Südgrenze ist der Suchiate-Fluss südlich von Tapachula in Chiapas. Während sich die LKWs in langen Schlangen am Tecún Umán stauen, überqueren Guatemalteken und andere Mittelamerikaner auf Autoschläuchen illegal den Fluss. Einige von ihnen flüchten vor der Tyrannei in ihrer weiter südlich gelegenen Heimat (aber auch Chinesen und Inder benutzen dieses Sprungbrett). Viele sind Migranten, die weiter nördlich ein besseres Leben suchen. Einige bleiben in Mexiko, aber die meisten versuchen, weiter nach Norden zu kommen, in die Vereinigten Staaten. In Mexiko leben etwa 400.000 Menschen aus Mittelamerika, teils legal, teils ohne Dokumente. Davon sind 45% Guatemalteken, ein Prozentsatz, der die 50.000 vertraglich gebundenen Kaffeepflücker und eine abnehmende Zahl anerkannter politischer Flüchtlinge mit enthält.

Wanderarbeiter aus dem Süden, die keine Papiere haben, bewegen sich sehr vorsichtig durch Mexiko. Beamte der Einwanderungsbehörde und Polizisten sind berüchtigt dafür, Geld zu erpressen, wenn die Neuankömmlinge an den Kontrollpunkten der Fernstraßen oder in den Bus-Terminals der großen Städte aufgegriffen werden. Eine mündliche Übereinkunft zwischen den damaligen Präsidenten George Bush sen. und Carlos Salinas, Mexiko als Durchgangsstation zwischen Mittelamerika und den USA zu schließen, hatte eine härtere Gangart der mexikanischen Einwanderungsbehörde zur Folge - Jahr für Jahr werden jetzt über 100.000 Mittelamerikaner aus Mexiko in ihre Herkunftsländer abgeschoben.

Wenn die Mittelamerikaner in Mexiko von der Südgrenze zur Nordgrenze migrieren, vereinigen sie sich mit einem großen Strom von Mexikanern, die danach trachten, *el otro lado* (die andere Seite) zu erreichen. Schon zu Zeiten, als Kalifornien und Texas noch Teil ihres Landes waren (1848 wurden sie von den USA geschluckt), begaben sich viele Mexikaner nach Norden, entweder um ihr Glück zu suchen oder um politischer Verfolgung zu entgehen.

Die Zahl der Mexikaner, die nach *el Norte* strebte, erhöhte sich jedes Mal, wenn politische oder ökonomische Umwälzungen die Republik plagten. Mexikanisch-amerikanische (*chicano*) Gemeinden im Südwesten der USA wurden unter anderem von Flüchtlingen während der Zeit der Revolution von 1910 bis 1917 gegründet. Man nimmt an, dass die Schuldenkrise von 1982 eine Million mexikanische Bürger in die Vereinigten Staaten getrieben hat. Für das Jahr 2001 wurde geschätzt, dass von den 8,5 Millionen Menschen mexikanischer Herkunft, die in den USA leben, etwa 3 Millionen keine gültigen Papiere haben.

Durch die US-amerikanischen Grenzpatrouillen (*la Migra*) wird die nördliche Grenze Mexikos zum Brennpunkt zwischen den beiden Ländern. Als 1994 die Clinton-Regierung zur Eindämmung des Migrantenstromes mit der Operation Gatekeeper (Torwächter) begann, wurden Teile der Grenze mit Stahlzäunen, Scheinwerfern und Bodensensoren versehen. Doch der Haupteffekt von Clintons verschärfter Grenzüberwachung war, dass der Flüchtlingsstrom in weniger besiedelte, gefährlichere Grenzregionen umgelenkt wurde, wo die Migranten Gefahr laufen, wegen Hitze oder Wassermangels zu sterben.

Im Jahr 2000 nahm die *Migra* 1,6 Millionen Flüchtlinge fest - viele, die gern die Grenze überwunden hätten, wurden mehrfach festgenommen, oftmals von den *Coyotes* (Schmugglern) selbst ans Messer geliefert.

Aus einer Domäne von Kleinstunternehmen, die unabhängig voneinander arbeiteten, hat sich der Menschenschmuggel zu einem Milliarden-Dollargeschäft entwickelt, das von großen, gut organisierten Verbrechersyndikaten dominiert wird - ähnlich wie der Drogenhandel -, die hochtechnisierte Mittel nutzen und eine komplette Infrastruktur aufgebaut haben, bis hin zu Auffanghäusern, in denen die Einwanderer gegen ihren Willen so lange festgehalten werden, bis sie die von den Schmugglern verlangte Summe gezahlt haben. Zunehmend versuchen auch Nichtmexikaner die mexikanische Grenze zu nutzen, um illegal in die Vereinigten Staaten zu gelangen. Tausende von Russen, Syrern, Chinesen und Polen zählen zu jenen, die Jahr für Jahr von der *migra* verhaftet werden.

Mexikologen betrachten den Strom illegaler Wanderarbeiter in die USA als ein ›Sicherheitsventil‹, durch das dem mexikanischen Staat erspart bleibt, dass der soziale Frust junger Mexikaner, die keine Arbeit finden können, zu einer schwer kontrollierbaren Herausforderung für die Regierung wird. In den Jahrzehnten der PRI-Herrschaft hat die mexikanische Regierung deren Misere ignoriert - sowohl den Tod der Migranten, die ertrunken, verdurstet oder gewalttätigen Attacken an der US-Grenze zum Opfer gefallen sind, als auch die Belästigung und Erpressung heimkehrender Migranten durch korrupte mexikanische Grenzbeamte und schließlich die hohen Überweisungskosten, die die Migranten bezahlen müssen, wenn sie ihren Familien in Mexiko Geld nach Hause schicken - Jahr für Jahr ca. 8 Milliarden Dollar.[1]

---

1 Dem Pew Hispanic Center zufolge wurden die Firmen Western Union, Money Gram und Orlandi Value verklagt, mexikanischen Migranten in der Zeit von 1987 bis 1999 überhöhte Überweisungsgebühren von 60 US$ pro 300 US$ für Überweisungen berechnet zu haben, die diese Migranten an ihre Familien in Mexiko schickten, woraus sich für diese Firmen ein jährlicher Profit von etwa 2 Mrd. US$ ergab.

In der Tat wurden diese *Paisanos* (Migranten) vom mexikanischen Staat oftmals stigmatisiert, wegen angeblichen Mangels an Patriotismus und weil sie ihre Heimat verlassen haben.

Im Gegensatz dazu hat die Fox-Regierung die mexikanische Diaspora aktiv umworben, versprach ihr doppelte Staatsbürgerschaft und hat erstmalig auf Kabinettsebene ein Amt zur Vertretung ihrer Interessen geschaffen - das Büro für im Ausland lebende Mexikaner. Eine der umstrittensten Maßnahmen dieses Büros ist die Aushändigung eines Überlebenspäckchens an jeden illegalen Migranten - im Volksmund *Cajita feliz* (glückliches Mahl) genannt - zur Verringerung des Risikos, durch Hitze oder Verdursten zu sterben.

Die antimexikanische Stimmung stieg oder fiel auf der US-amerikanischen Seite der Grenze abhängig davon, ob mexikanische Niedriglohnarbeiter gebraucht wurden oder nicht. In den 30er Jahren, während der Wirtschaftsdepression, wurden die Mexikaner aus Kalifornien deportiert, aber in den vierziger Jahren wurden sie zurückgeholt, um den Platz amerikanischer Arbeiter einzunehmen, die in den Krieg ziehen mussten. Die neunziger Jahre war eine Zeit wiedererwachter antimexikanischer Gefühle, was im Wahlkampf von 1994 in einer Kampagne für den Gesetzesvorschlag 187 gipfelte, der sich gegen illegale Einwanderer in Kalifornien richtete.

Die Wahl im Jahr 2000 brachte mit George W. Bush jedoch einen stark promexikanischen Präsidenten ins Amt, der mit Fox schon befreundet war, als beide noch Gouverneursposten innehatten. Selbst konservative republikanische Parlamentarier beeilten sich, den neuen mexikanischen Präsidenten zu umarmen, und versprachen sowohl, die Grenze für einen freieren Fluss an Gastarbeitern in die Vereinigten Staaten zu öffnen, als auch eine Teilamnestie für bereits dort befindliche Illegale.

Aber Mexikos Grenzen sind nicht nur Einstiegsluken in die USA für verarmte *Indocumentados (Papierlose)*. Eine unübersehbare Menge an Gütern, legale wie illegale, passiert die Grenzübergänge. Seit Unterzeichnung des NAFTA-Abkommens ist der mexikanisch-US-amerikanische Handel jährlich um 20% gestiegen und erreichte im Jahr 2000 einen Wert von 248 Milliarden US-Dollar für Handelsgüter und Dienstleistungen, wobei das meiste davon per

Schiene oder Straße die abgenutzte Infrastruktur der nördlichen Grenze passierte.

Ein Hauptgrund für diese Warenbewegungen sind die *Maquiladoras*, die Teilfertigungsfabriken ausländischer Investoren, die sich auf der mexikanischen Seite der Grenze entlang ziehen. Die Maquiladoras sind Magneten für die Unterbeschäftigten in ganz Mexiko, insbesondere für jene aus den verarmten mittleren und südlichen Bundesstaaten. Seit dem NAFTA-Abkommen hat die Woge des durch den Export angetriebenen ökonomischen Wachstums zu einem Mangel an Arbeitskräften und einem Anstieg der Löhne in Teilen von Nord- und Zentralmexiko geführt, so dass neuere Fabriken in den ärmeren (und somit billigeren, Anm. d. Übs.) südlichen Staaten Yucatán, Guerrero und Chiapas angesiedelt wurden.

Der Norden

Mit seinen riesigen Flächen an Wüste, Weideland, Getreidefeldern und der zentralen *cordillera* würden ganze lateinamerikanische Länder im Norden von Mexiko Platz finden. Die sieben Staaten, die den Norden bilden - Nord-Baja California, Süd-Baja California, Sonora, Durango, Chihuahua, Coahuila, Nuevo León und Tamaulipas -, erstrecken sich über die Hälfte des mexikanischen Territoriums (Chihuahua ist der größte Staat der mexikanischen Union).

Der schmale industrialisierte Streifen an der Grenze markiert den nördlichen Rand der Region, wo die Bevölkerung in Städten wie Tijuana, Ciudad Juárez, Nuevo Laredo und Matamoros konzentriert ist. Präsident Lázaro Cárdenas ließ diese einst vergessenen Vorposten, Tausende Kilometer von der Landeshauptstadt entfernt, in den dreißiger Jahren aufbauen, um in einer Region mit großem US-amerikanischem Einfluss den mexikanischen Nationalismus zu stärken.

Heute leben 75% der Bevölkerung des Nordens in kleineren oder größeren Städten. Die Städte entlang der Nordgrenze mit ihrer magischen Anziehungskraft für Migranten aus dem Süden platzen aus den Nähten. Fehlende Infrastruktur und nicht durchgesetzte Umweltgesetze haben zur Verunreinigung des Grundwassers, zu einer gefährlichen Schadstoffbelastung der Flüsse und zu einer unerträglichen Luftverschmutzung geführt. In Tijuana und anderen Ballungszentren an der Grenze schwärmen täglich ganze Heerscharen zu den städtischen Müllkippen aus, um sich ihren Lebensunterhalt aus den Abfällen zusammenzukratzen. Die sich ausbreitenden Slums mit ungepflasterten Straßen und ohne Trinkwasserversorgung oder Abwassersystem bringen die ›Dritte‹ Welt an die Türschwelle der ›Ersten‹. Obwohl ein dem NAFTA-Abkommen beigefügter Umweltvertrag eine Verbesserung der Verhältnisse innerhalb von 2 Jahren nach seinem Inkrafttreten versprach, sind bisher nur einige wenige Projekte durch die vom NAFTA-Abkommen gegründete interamerikanische Entwicklungsbank finanziert worden. Dessen ungeachtet hat das Konzept der Grenze als integrierte Bioregion mit gemeinsam von Mexiko und den USA getragener Verantwortung entlang des nördlichsten Randes der Nation Fuß gefasst.

Die Elendsviertel von Ciudad Juarez liegen zum Teil am äußersten Rand der Stadt und beherbergen die Arbeiter der *Maquiladoras.* (Foto: Hiltrud Sperling)

Die Wüste ist die herausragendste Erscheinung dieser Region. Die Sonorawüste erstreckt sich bis nach Arizona, und die hochgelegene Wüste von Chihuahua dehnt sich nach Norden bis New Mexico und Texas aus. Der östliche und der westliche Arm der zentralen Cordillera ziehen sich auf Mexikos Rückgrat nach Süden und formen *sierras* (Gebirge) und tiefe Schluchten wie z.B. das Kupfer-Canyon, das noch tiefer ist als das Grand Canyon in den USA. Bei Cananea in Sonora frisst sich die achtgrößte Kupfergrube der Welt in die Erde. Aber es sind die Produktionsstätten, nicht die natürlichen Ressourcen, mit denen die nördlichen Ökonomien in wachsendem Maße stehen und fallen.

Reichtum im Norden Mexikos war selten weit von der Erdoberfläche entfernt. Die einst dicht bewaldeten Flächen des Tarahumara-Gebirges (Chihuahua-Durango) wurden von Holzunternehmen kahl geschlagen - die US-amerikanische Hearst-Familie wurde dadurch reich, dass ihnen der Diktator Porfirio Díaz Konzessionen in Tarahumara überlassen hatte.

Der Reichtum der Region hat in keiner anderen Stadt das Reichwerden mehr begünstigt als in Mexikos drittgrößter Stadt Monterrey (5,3 Millionen Einwohner). Mit seinen glitzernden Wolkenkratzern und modernistischen Museen hat Monterrey mit den Erdölmetropolen von Texas ebenso viel gemeinsam wie mit der Hauptstadt seines eigenen Landes. Die Monterrey-Gruppe, die Bankiers- und Industriellen-Elite der Stadt, zu der beispielsweise die Dynastie von Garza Sada (Brauereien, Chemikalien, Glas) gehört, zählt zu den wichtigsten Akteuren der mexikanischen Ökonomie.

Der Norden wird oftmals als eine gesonderte Nation betrachtet, und die indigenen Ursprünge dieser Region unterstreichen dieses Abgetrenntsein. Die Mehrzahl der indigenen Kulturen des Nordens sind unter der Rubrik Chichimeca subsumiert und sind mehr mit den Kulturen der Ureinwohner des US-amerikanischen Südwestens verwandt als mit den Nahuatl-sprechenden Völkern, die in Zentralmexiko dominieren. Kurioserweise hatten die Azteken, die ihre Hauptstadt im Zentrum Mexikos errichteten, ihre Wurzeln in der Chichimeca-Kultur des zentral-nördlich gelegenen Staates Nayarit.

Die Europäer haben den Norden nie vollständig erobert. Die Yaquis aus der Sonora-Wüste kämpften bis ins 20. Jahrhundert hinein für ihre Unabhängigkeit - im Jahr 1907 verfrachtete Porfirio Díaz Tausende gefangener Indiorebellen in den Süden, in die Urwälder von Yucatán, in der Absicht, ihren Widerstand zu brechen. Der rebellische Geist des Nordens blieb nicht auf Indioaufstände beschränkt. Die Revolution von 1910 begann unter der geistigen Führung von Francisco Madero. Doroteo Arango, besser bekannt unter dem Namen Franciso (»Pancho«) Villa, der vom US-Journalisten John Reed gefeierte Revolutionsführer aus Chihuahua, wurde der »Zentaur des Nordens« genannt.

Trotz ihres Erbes als Wiege der Revolution ist die politische Opposition des Nordens in der jüngeren Geschichte konservativer Couleur: Mehr als 15 Jahre lang hat die rechtskonservative Partei der Nationalen Aktion (PAN) die PRI bei Regionalwahlen immer wieder herausgefordert und kontrolliert inzwischen die Regierung von Bundesstaaten sowie viele lokale Verwaltungen.

Zentralmexiko

Jedes Jahr am (normalerweise regnerischen) Abend des 15. September ist die Plaza von Dolores Hidalgo, einer verschlafenen Kleinstadt am Fuße der Vorgebirge in Zentral-Guanajuato, überfüllt mit Zuschauern, die auf *el Grito* warten - die Wiederholung des Schreies nach Unabhängigkeit, der im Jahr 1810 von dem Rebellenpriester Miguel Hidalgo ausgestoßen wurde. Der Schrei markiert den Beginn des mexikanischen Unabhängigkeitskrieges gegen die spanische Krone.

Es ist vollkommen angemessen, dass der Unabhängigkeitskampf - geographisch gesehen - im Herzen von Mexiko begann. Zentralmexiko ist das häufigste Motiv auf Postkarten und in Reisemagazinen. Die äußere Welt, die kolonialen Kirchen der Region, die wogenden Maisfelder, malerisch aussehende Bauern und traditionelle Fiestas formen das Bild Mexikos.

Dolores Hidalgo liegt im Bajío (Flachland), einem fruchtbaren Streifen, der sich durch die Staaten Querétaro, Guanajuato, Jalisco und Michoacán zieht, und die weiter südlich gelegene gefräßige Hauptstadt seit über tausend Jahren ernährt. Heutzutage ist die Landwirtschaft in Bajío zunehmend mechanisiert und US-amerikanische sowie britische Unternehmen (Grand Metropolitan) ernten dort sehr unmexikanische Feldfrüchte wie Broccoli und Rosenkohl für den Export. Der zentral-nördlich gelegene, bis zur pazifischen Küste reichende Bundesstaat Sinaloa war lange Zeit für die USA der wichtigste Winterlieferant von Gemüse, insbesondere Tomaten.

Regionale Rivalitäten in Zentralmexiko sind ausgeprägt. Jalisco mit seiner blumengefüllten Hauptstadt Guadalajara, der zweitgrößten Stadt des Landes (5 Millionen Einwohner), beherrscht den Westen. Die Stadt - eine konservativ-katholische Bastion, paradoxerweise für ihre schönen Frauen und ihre Mariachi-Musik berühmt - wurde in den letzten Jahren von intensiven Drogenaktivitäten heimgesucht, vermutlich ein Faktor, der bei der Ermordung des Kardinals von Guadalajara im Mai 1993 eine Rolle spielte.

Traditioneller Katholizismus prägt die Region und überstrahlt ihre Geschichte. Während der Cristiada (1925-29) standen katholische Fanatiker in Guanajuato, Jalisco und Michoacán der mexikanischen Revolutionsarmee gegenüber.

Zentral-Mexiko ist übersät mit so patriotischen Heiligtümern wie Dolores Hidalgo. Mexikos erste Verfassung (von 1814) wurde in Apatzingán, Bundesstaat Michoacán, verabschiedet, und die noch heute gültige revolutionäre Verfassung von 1917 wurde in der Hauptstadt von Querétaro entworfen.

Die Provinzhauptstädte von Zentralmexiko beherbergen die am schnellsten wachsende urbane Bevölkerung des gesamten Landes. Schrumpfende Anbaugrößen und Kapitalverlust im landwirtschaftlichen Sektor haben viele gezwungen, ihre Höfe und *Ejidos* (Gemeindeland, das im Rahmen der Bodenreform verteilt wurde) zu verlassen. Michoacán und Jalisco im Westen sowie Zacatecas im Osten, traditionell Staaten, die als Nahrungsmittellieferanten fungierten, schicken jetzt ihre jungen Männer und zunehmend auch ihre jungen Frauen als Migranten in die USA. Ganze Emigrantengemeinden aus diesen Staaten wurden in Kalifornien und Texas gegründet. Laut einer Studie des Colegio de Michoacán migrieren Landarbeiter aus

Gómez Farias, einer kleinen Stadt im östlichen Michoacán, seit über einem Jahrhundert regelmäßig nach Watsonville, einem Zentrum der Landwirtschaft in Nordkalifornien.

Ökonomisch und politisch ist Zentralmexiko eng mit der Hauptstadt verbunden, die weit oben auf dem *Altiplano* liegt, dem mit Vulkanen übersäten Hochplateau, von wo aus die Macht seit historischen Zeiten auf das Land ausstrahlt. Unter den schneebedeckten Gipfeln des Popocatépetl blühten alte Zivilisationen, die sich über das Territorium der heutigen Bundesstaaten Mexiko und Puebla erstreckten. Am nordöstlichen Ende des Tals beherrschten die Tolteken das, was heute Tula, Hidalgo, ist, und die großen Pyramiden von Teotihuacán im Staat Mexiko waren Machtzentren zu Beginn unserer Zeitrechnung. Das Azteken-Reich blühte in Tenochtitlán, in der Mitte des seenbedeckten Tales, auf einer Insel, die heute Mexiko-Stadt heißt.

Der Süden

Der Aufstand der zapatistischen Befreiungsarmee in Chiapas nahe der guatemaltekischen Grenze im Jahr 1994 zog die Aufmerksamkeit auf Mexikos ressourcenreichen, aber verarmten Süden. Die Rebellen waren in mehrfacher Hinsicht symbolhaft für die Region. Sie sind überwiegend Maya, deren Vorfahren jenen mexikanischen Südosten beherrschten, der auch heute noch zu einem großen Teil indigen bevölkert ist, und sie beziehen sich auf Emiliano Zapata, den »Befreier des Südens«, ein Volksheld, der als der integerste Führer der mexikanischen Revolution betrachtet wird.

Von 1910 bis 1919 ritt Zapata durch die südlich von Mexiko-Stadt gelegenen Staaten Morelos, Guerrero und Puebla und kämpfte dafür, dass die Nahua ihr Land von den kreolischen *Hacienda*-Besitzern zurückbekamen. Das rebellische Wesen steckt auch heute noch tief in der Nahuatl-sprechenden Bevölkerung dieser drei Bundesstaaten.

Vom fruchtbaren Vulkanplateau von Morelos herabfallend, wird Guerrero von der westlichen Sierra Madre begrenzt. Wie in vielen Teilen des Südens sind die Klassenunterschiede ähnlich krass wie die

Topografie: Der teure Urlaubsort Acapulco befindet sich im gleichen Staat wie La Montana, die - demografisch gesehen - ärmste indigene Gegend des gesamten Landes.

Nebenan befindet sich Oaxaca, ein gleichermaßen bergiger Staat mit einem noch höheren indigenen Bevölkerungsanteil. Hier leben, eingeschlossen von schroffen Sierras, neun verschiedene ethnische Gruppen, angefangen bei den Mixtecas (»Wolkenmenschen«) am Huahuapan de León bis zu den an der Küste des Isthmus von Tehuantepec und Juchitán lebenden Zapoteken mit ihrer einzigartigen matriarchalen Kultur, in der die Frauen an der Spitze der kommerziellen und sozialen Aktivitäten stehen.

Ähnlich wie in Guerrero ist auch die Küste von Oaxaca mit luxuriösen Ferienorten übersät: Puerto Escondido, ein populärer Badeort, befindet sich am südlichen Rand von Mexikos Afro-Zone, die von den Nachkommen der Sklaven bewohnt wird, welche sich im 18. Jahrhundert an dieser entlegenen Küste ansiedelten.

Für den Massentourismus besteht Mexiko hauptsächlich aus Stränden. (Foto: Gerd Schmitt)

Die Landbrücke des Isthmus vom Pazifik zur Karibik beginnt an der Westküste im Ölhafen von Salina Cruz - von dort sind es per Bahn (oder Pipeline) nur 240 Kilometer quer durch den engen Hals von Mexiko nach Veracruz, einem Staat, dessen kurvenreiche Ausdehnung ein Viertel der mexikanischen Karibikküste in Anspruch nimmt. Oftmals als ruhiges tropisches Paradies verkannt, stellt Veracruz in Wirklichkeit eine komplexe Mischung aus unterschiedlichen Kulturen und geografischen Strukturen dar. Die Nachkommen der Nahua wurden von viehzüchtenden *Caciques* (Despoten ländlicher Regionen), die nun das reiche Vorland beherrschen, in die unwirtlichen Sierras verdrängt. Die Erdölgewinnung boomt im Norden bei Poza Rica, nicht weit entfernt von den bedeutenden Ruinen bei Tajín. Und Coatzacoalcos, an der Grenze zu Tabasco und Chiapas, ist das petrochemische Zentrum der Nation.

Öltürme, die den Horizont im Süden überragen, speisen die einheimische Industrie und machen einen Großteil des mexikanischen Exporteinkommens aus. Mehr als einhundert Bohrinseln schwimmen vor der karibischen Küste bei der auf der Halbinsel von Yucatán gelegenen Stadt Ciudad del Carmen. Lecke Ölleitungen schlängeln sich von und nach Coatzacoalcos, vergiften die Flüsse und verpesten die Luft (die Stadt belegt den Spitzenplatz in Bezug auf Umweltbelastung in Mexiko). Auch in den Sümpfen von Tabasco und im Herzen des lakandonischen Urwalds führt Pemex, das staatliche Erdölunternehmen, zahlreiche Bohrungen durch.

Tabasco und Chiapas sind die ressourcenreichsten Bundesstaaten. Außer Erdöl hat Tabasco eine umfangreiche Produktion an Früchten, Fisch und Fleisch für die nationalen und internationalen Märkte. Aber nur wenig von dem exportierten Reichtum kehrt in die Region zurück. Chiapas produziert fast die Hälfte von Mexikos Hydroelektrizität, aber zwei Drittel der Behausungen der indigenen Bevölkerung dieses riesigen Staates ist ohne Elektrizität. Jeder dritte *Chiapaneco* ist ein Maya-Indigena.

Die Maya-Kultur durchdringt den Südosten. Touristen trekken entlang der »Route der Mayas« von den Palästen in Palenque an der Grenze zwischen Chiapas und Tabasco, Richtung Nordosten bis nach Uxmal und Chichén-Itzá vor den Toren von Mérida, nahe der

Spitze der breiten Kalksteinzunge der Halbinsel von Yucatán. Im Südosten lebt die Mayasprache weiter, u.a. in den Dialekten der Tzotziles im Hochland von Chiapas, der Chontal im Flachland von Tabasco bis nach Yucatán, wo die Maya-Dialekte nach wie vor Verkehrssprachen sind.

Auf der Halbinsel von Yucatán ist das Maya-Motiv weit verbreitet. Selbst die Hotels der eleganten Touristenviertel von Cancún und Quintana Roo haben die Gestalt von Maya-Pyramiden. Ironischerweise wurden sowohl die alten Maya-Tempel als auch die modernen Hotels von der einfachen Maya-Bevölkerung errichtet, die Hotels von Tagelöhnern aus den umliegenden Maya-Dörfern.

Die Hauptstadt

Jeden Abend pünktlich um 6 Uhr ertönen Trompeten, und Soldaten kommen im Gänsemarsch aus dem Nationalpalast, um die große grün-weiß-rote Flagge einzuholen, die hoch über dem Platz der Verfassung, als *Zócalo* bekannt, im historischen Zentrum von Mexiko-Stadt weht. Diese allabendliche Zeremonie, der mit Sicherheit Hunderte patriotischer mexikanischer Bürger beiwohnen, ist für den *Zócalo* symbolisch, einen Platz im Zentrum der Macht und der Veränderung in Mexiko. Was auf diesem Platz und in der ihn umgebenden Stadt passiert, hat stets das Schicksal von Mexiko beeinflusst.

So, wie der *Zócalo* das Herz der 2200 Meter hoch gelegenen Landeshauptstadt verkörpert, stellt die Hauptstadt das Kernstück des ökonomischen und politischen Lebens Mexikos dar. Über ein Viertel des Bruttosozialproduktes entsteht hier, wo sich die Hälfte der industriellen Produktionsstätten befinden und wo 20% der Wahlberechtigten wohnen. Die Macht strahlt weiterhin von Mexiko-Stadt aus, gerade so, wie in der Zeit vor der Conquista. Trotz des verheerenden Erdbebens von 1985, nach dem eine Dezentralisierung der Verwaltung verordnet wurde, hat jedes Ministerium nach wie vor seinen Hauptsitz in der Metropole, ebenso wie der mexikanische Kongress mit seinen zwei Kammern. Alle Entscheidungen von nationaler Bedeutung fallen in Mexiko-Stadt. Ähnlich wie die politischen und ökonomischen Entscheidungen kommen auch die kulturelle Vorgaben aus der Hauptstadt - aus dem Institut der Schönen Künste mit seiner Rokokofassade und dem monumentalen Nationalen Anthropologischen Museum im Chapultepec-Park, unweit von Los Pinos, dem Präsidentenpalast.

Das, was in der Welt als Mexiko-Stadt bekannt ist, ist eine Enklave von rund 2.500 Quadratkilometern, die in 16 Stadtbezirke eingeteilt ist und auf Mexikos administrativer Karte als der Föderale Distrikt (D.F.) bezeichnet wird. Um die Sache weiter zu verkomplizieren, wohnt die Masse der 20-Millionen-Einwohner-Stadt, dem größten Ballungszentrum unseres Planeten, in Dutzenden als »urbane Flecken« bezeichneten Satellitenstädten, die sich im Bundesstaat Mexiko befinden und die Metropole umgeben. Diese auf dem Grund eines ehemaligen Sees gelegenen verarmten Städte wie Nezahualcoyotl und Chalco (jede mit mehreren Millionen Einwohnern) bilden einen ›Armutsgürtel‹, von dem aus täglich Millionen ins Innere von Mexiko-Stadt pendeln, um dort für einen Hungerlohn zu arbeiten.

Dichter Verkehr quillt täglich durch die Hauptstadt. (Foto: Peter Clausing)

Damit nicht genug, die eigentliche Stadt und die riesigen sie umgebenden urbanen Gebiete sind ein verwirrendes Patchwork sich überlappender administrativer Zuständigkeiten, oftmals von rivalisierenden politischen Parteien regiert, was die Koordinierung entsprechender Aktivitäten auf so entscheidenden Gebieten wie Wasserversorgung, öffentlicher Transport und Luftqualität erschwert - Aktivitätsfelder, die für den gesamten Großraum von Mexiko-Stadt bedeutsam sind.

Bis vor kurzem wuchs die Bevölkerung des Ballungszentrums um 7% pro Jahr, getragen von der Zuwanderung der verarmten Landbevölkerung. Aber dieses Wachstum hat sich verlangsamt, seit Firmen und zum Mittelstand zählende Einwohner in mittelgroße Orte bzw. Schlafstädte im Vorortbereich wie Santa Fe und Querétaro umgezogen sind, die sich beide nordwestlich von Mexiko-Stadt befinden.

Fehlende Anreize der Regierung, in die Landwirtschaft zu investieren, haben die Migration in die Städte und in Richtung USA von Generation zu Generation gesteigert. Heute ist die Hauptstadt, ähnlich wie alle mexikanischen Städte, auf allen Seiten von *Colonias* (Wohnbezirken) umzingelt, in denen die meist aus ländlichen Gebieten des Südens kommenden Neuankömmlingen wohnen. Skrupellose Spekulanten verkaufen Grundstücke, und auf kahlen Abhängen errichten die Colonios ihre Elendshütten. Anschließend berennen sie die Behörden, um ihre Anwesenheit legalisiert zu bekommen, und in der Hoffnung, dass irgendwann Strom- und Abwasserleitungen verlegt werden.

Die wachsende Bevölkerung macht Mexiko-Stadt hungrig auf die Ressourcen des Landes - die Hauptstadt verzehrt 40 Prozent des in Mexiko vermarkteten Fleisches. Unzählige LKW-Ladungen mit Gemüse und Körnerfrüchten aus dem Süden und der Mitte des Landes ergießen sich in den Moloch. Die Verteilung wird von dem riesigen *Centro de Abastos* (Versorgungszentrum) aus organisiert, und schließlich gelangen die Lebensmittel in dem alten »La Merced« (Marktkomplex) in der Nähe des historischen Zentrums an die Endverbraucher. Der Stadtbezirk Lomas de Chapultepec oberhalb des Marktes konsumiert Jahr für Jahr mehr Fleisch als der gesamte Bundesstaat Oaxaca.

Wenn das Stillen des Hungers von so vielen Millionen Menschen Probleme bereitet, so ist gemessen daran das Löschen ihres Durstes ein Alptraum. Mexiko-Stadt verbraucht tagein tagaus 60 Kubikmeter Wasser pro Sekunde - die 160 Kilometer entfernten Grundwasserreserven gehen zur Neige. Die Megalopolis spuckt täglich 11.000 Tonnen Müll aus, 2,6 Millionen Haushalte (17%) haben keinen Anschluss an das Abwassersystem, und 20.000 Tonnen mit Fäkalien vermischten Staubes werden von den Frühlingsstürmen aufgewirbelt und der saure Regen, der im Sommer fällt, überschüttet die *Chilangos* (wie die Einwohner von Mexiko-Stadt genannt werden) mit Schwermetallen.

Im Jahr 1958 veröffentlichte der Schriftsteller Carlos Fuentes eine visionäre Novelle über das Leben in Mexiko-Stadt mit dem Titel *Wo die Luft rein ist*. Mitte der 90iger Jahre war die Luftqualität von Mexiko-Stadt die schlechteste in der ganzen Welt. Die Inversionswetterlagen im Winter wiesen so hohe Ozonwerte auf, dass durchziehende kanadische Stare tot vom Himmel fielen. Während einer fünftägigen Smogperiode im November 1996 wurden 400.000 Menschen in Krankenhäuser eingeliefert und 300 starben an den Folgen.

Gemessen am noch vor wenigen Jahren herrschenden Zustand hat sich die Luftqualität der Metropole deutlich verbessert. (Foto: Dorit Siemers)

Seitdem hat sich die Luftqualität der Stadt verbessert - aufgrund der Einführung bleifreien Benzins, der strengeren Durchsetzung der Abgasbeschränkungen für Autos (insbesondere die Forderung von Katalysatoren für alle neuen Autos) und der schrittweisen Verlagerung der Industrie in Regionen außerhalb der Stadtgrenzen. Während 1995 die Grenzwerte für die Luftbelastung an 9 von 10 Tagen deutlich überschritten wurden, war 6 Jahre später Smogalarm ein seltenes Ereignis, verbunden mit fallenden Werten für Schwefeldioxid, Stickstoffdioxid, Kohlenmonoxid, Blei und den Partikelgehalt in der Luft.

Trotz der Schwierigkeiten und Gefahren des urbanen Lebens, Verkehrschaos (5 Millionen Autos kurven täglich durch die Stadt), Luftverschmutzung und einer Polizei, die mit penetranter Regelmäßigkeit die Bevölkerung schikaniert und Schmiergelder abkassiert, genießen die *Chilangos*, in einer der lebendigsten Metropolen der beiden amerikanischen Kontinente zu leben, in der die politische und kulturelle Gärmasse stets neue Überraschungen ausbrütet. Von den Enklaven der Boheme, Condesa und Roma, über die exquisiten Kolonialviertel Coyoacán und San Angel bis zur atemberaubenden Schönheit des *Centro histórico* (Historisches Zentrum) ist Mexiko-Stadt einfach eine der aufregendsten Metropolen dieses Teiles der Welt

Obwohl in Mexiko-Stadt ständig etwas abgerissen und wieder aufgebaut wird, gibt es einen so großen Vorrat an historischen Bauten, dass die Vergangenheit stets berührbar bleibt, manchmal direkt unter der Oberfläche der heutigen Straßen. Der *Templo Mayor* (Großer Tempel), unmittelbar neben dem riesigen *Zócalo* von Mexiko-Stadt, wurde 1978 von Straßenbauarbeitern freigelegt, die Erdkabel verlegten. Und die ewigen Bauarbeiten im U-Bahnsystem der Hauptstadt fördern immer wieder eine Vielzahl an Opfersteinen und Schreinen aztekischer Gottheiten zutage.

Während in den Büros des Nationalpalastes Technokraten des Finanzministeriums versuchen, ihre globalen Handelspartner zu beschwatzen, trommeln die Aztekentänzer auf dem davor gelegenen *Zócalo,* und *Ambulantes* (Straßenhändler) verhökern *Alegría* (Amaranth-Kuchen) so, wie sie es an eben dieser Stelle schon vor tausend Jahren getan haben.

Die Menschen und ihre Geschichte

¡Viva México!

Hidalgos geschichtsträchtiger Ruf *»Viva México!«* (»Lang lebe Mexiko!«), der heutzutage am Ende aller patriotischen Fiestas und politischen Reden und selbst bei Protesten gegen die Regierung ausgerufen wird, führt zu der pointierten Frage: Warum erklären so viele unterschiedliche Menschen, deren Wurzeln so tief gehend geografisch regionalisiert sind, ihre Verbundenheit zu einem Land, das Mexiko heißt?

Das vereinende Konzept der *Mexicanidad* (Mexikanität) unterstellt ein gemeinsames Erbe, bestehend aus alten indigenen Zivilisationen, europäischem Kulturgut, der Empörung über wiederholte Invasionen aus dem Norden und dem Vermächtnis einer Revolution, die über eine Million Mexikaner das Leben kostete. Die mexikanische Geschichte lässt viele Deutungen zu, aber sie wird von allen geteilt.

Trotz der offensichtlichen Gefahren, die eine Generalisierung in sich birgt, kann man sagen, dass der mexikanische Charakter geprägt ist von der Stärke der Großfamilie als eine Einheit, die *Padrinos* (Taufpaten) und *Compadres* (loyale Freunde) mit einschließt. Die persönliche Loyalität bezieht sich in erster Linie auf die Familie, dann auf die Heimatregion *(patria chica)* und dann auf das gesamte Land *(patria grande).*

Die Familie ist wie ein Miniaturstaat im Staate, wo vom Individuum erwartet wird, dass es seine eigenen Bedürfnisse im Interesse des Gemeinwohls jenen des Kollektivs unterordnet. Als Gegenleistung beschützt und versorgt die Großfamilie ihre Mitglieder und unterstützt sie in finanzieller, materieller und moralischer Hinsicht. Die mexikanische Familie ist ein hegendes und zugleich autoritäres Gebilde; sie missbilligt Unabhängigkeit und verurteilt individualistisches Verhalten. Mexikaner neigen dazu, bis zur Eheschließung bei ihren Eltern zu leben, manchmal bis hoch in die Zwanzig oder sogar Dreißig.

Die Mexikaner verehren ihre Übermütter, die ihre Kinder oftmals ohne große Unterstützung durch die Väter aufziehen, die nicht selten abwesend sind. Mexikaner haben in der Regel starke Gefühle gegenüber der Religion - entweder sind sie fromme Katholiken oder aber heftig antikatholisch - und insgesamt vertreten sie säkulare Ansichten in Bezug auf Bildung, Schwangerschaftsverhütung, Scheidung und Schwangerschaftsunterbrechung (Letztere ist in Mexiko ungesetzlich).

Homosexualität ist ein Tabuthema, und die gewaltsame Unterdrükkung von Schwulen ist verbreitet. Laut der »Bürgerkommission gegen homophobe Hassverbrechen« (eine Nichtregierungsorganisation) sterben jeden Monat drei schwule Mexikaner eines gewaltsamen Todes. Oft werden schwule Jugendliche aus Schamgefühl von ihren eigenen Eltern getötet. Nur in den Enklaven der Boheme, wie der Colonia Condesa von Mexiko-Stadt, wird Homosexualität offen toleriert. Einzigartig für das gesamte Land ist die Gesetzgebung von Mexiko-Stadt, wo eine Verordnung erlassen wurde, die Diskriminierung auf Grund gleichgeschlechtlicher sexueller Orientierung verbietet, auch wenn diese Verordnung selten durchgesetzt wird.

Sowohl mexikanische Männer als auch mexikanische Frauen haben Probleme mit dem *Machismo*. Aber es sind die Frauen, die den Löwenanteil der Last tragen, die aus der oftmals widersprüchlichen Haltung der Gesellschaft, was die Rolle der Frauen in einer zunehmend urbanen, moderner werdenden Nation anbelangt, resultiert. Der Anteil der Frauen bei den Beschäftigten im urbanen Bereich wächst, insbesondere an jenen mit abgeschlossener Berufsausbildung; nahezu die Hälfte der UniversitätsstudentInnen sind weiblich. Zugleich sind sie einem immensen Druck ausgesetzt, ihrer traditionellen Rolle als Mutter und Hausfrau gerecht zu werden, und es geschieht, dass sie von ihren Familien stigmatisiert und ausgestoßen werden, wenn sie zu viel Unabhängigkeit zeigen.

Viele mexikanische Männer scheinen in dieser Angelegenheit eine aufrichtige Ambivalenz zu haben. Einerseits fühlen sie sich von den bestimmt und fordernd auftretenden, unabhängigen Frauen bedroht; zugleich fühlen sie sich von diesen Freigeistern angezogen, die den Eindruck erwecken, dass sie sich den traditionellen und religiösen

Banden entledigt hätten. Aber gebildete mexikanische Frauen mit einem Studienabschluss haben oft Schwierigkeiten, eine romantische Beziehung zu finden. Das führt in wachsendem Masse zu einem Single-Dasein oder dazu, dass sie sich an eine Partnervermittlungsagentur wenden - einem für Mexiko relativ neuen Phänomen.

Aguantar (durchstehen) ist ein wichtiges Verb im Wörterbuch der Mexikaner, das die stoisch-verächtliche Geduld angesichts von Korruption und Ungerechtigkeit beschreibt, die das politische System durchdringen. »Das mexikanische Gesicht ist eine Maske - selbst sein Lächeln«, schrieb Octavio Paz in seinem scharfsinnigen Essay *Mexicanidad, das Labyrinth der Einsamkeit (1950)*, der ihm den Nobelpreis eingebrachte. Mexikaner zeigen einen sarkastischen Fatalismus, in dem der Tod als tanzendes Skelett (*La Calavera*) personifiziert ist. Wie das Bild der Jungfrau von Guadalupe, ist die *Calaca* bzw. *Calavera* eine mächtige Ikone der *Mexicanidad.*

Ein anderes machtvolles Symbol ist *La Malinche*, die Chontal-Edelfrau, die zur Gefährtin des spanischen Eroberers Hernán Cortés wurde. Die Kinder von Cortés und »Dona Marina« waren die ersten *Mestizos*, manche würden sagen die ersten Mexikaner. La Malinche wird zugleich geliebt und gehasst. Sie hatte ihr Volk betrogen, indem sie sich mit einem Ausländer einließ, zugleich war sie die Mutter von *la Raza,* der »kosmischen Gattung«; ihre Kinder waren die goldene Frucht von zwei begnadeten Kulturen. Zugleich bleibt La Malinche ein Symbol der Unterwerfung unter fremde Beherrschung, zuerst unter die *Gachupines* (»Sporenträger«, d.h. die Spanier) und später unter die *Gringos* (das Wort wurde angeblich von den grünen Uniformen abgeleitet, die die US-Marineinfanteristen während der Invasion von 1848 trugen). Die Mexikaner betrachten sich als ein Volk, das auf einem extrem festen Fundament von antiken Wurzeln und gemeinsam ertragenem Leid steht.

Unter den Linksintellektuellen ist das Konzept der *Mexicanidad* seit langem in Mode. Sie definieren es als eine Anerkennung der volkstümlichen und indigenen Traditionen und als eine Ablehnung der US-amerikanischen Kultur. Nach wie vor gibt es eine starke antiamerikanische Strömung unter radikalen Studenten - insbesondere unter den militanten Studenten, die den Streik von 1999 an der

Nationalen Autonomen Universität von Mexiko (UNAM) organisierten, deren Misstrauen gegenüber US-amerikanischen Einflüssen gekoppelt ist mit einer Ablehnung der Globalisierung und ihren negativen Auswirkungen.

Aber Anti-Gringo-Gefühle waren in der mexikanischen Bevölkerung im Allgemeinen zu keiner Zeit sonderlich verbreitet. Zudem haben die Jüngeren der heutigen Generation von Schriftstellern, Künstlern und Intellektuellen ein weitaus lockereres Verhältnis zu den kulturellen Einflüssen des nördlichen Nachbarn. Während die ältere Generation der einflussreichen mexikanischen Intellektuellen in der Tradition europäischer Kultur aufgewachsen ist - viele von ihnen studierten zeitweise in Spanien oder Frankreich - haben die jüngeren oftmals in den Vereinigten Staaten oder in Kanada studiert.

Auch im Mexiko von heute verläuft eine wichtige Trennlinie entlang der sozialen Klasse. Dazu kommt eine Strömung rassistischer Diskriminierung, die die mexikanische Gesellschaft durchzieht, obwohl die große Mehrheit der Mexikaner sowohl indigene als auch europäische Vorfahren hat. Eine dunklere Hautfarbe ist synonym mit *la Clase popular* (Arbeiterklasse), hellere Hautfarbe mit der Mittel- und Oberschicht. Die Gesichter im mexikanischen Fernsehen sind zum übergroßen Teil hellhäutig, blond und blauäugig, so dass man denken könnte, das schwedische Fernsehen eingeschaltet zu haben. Selbst angeblich indigene Charaktere werden im Fernsehen oft von weißen Schauspielern dargestellt.

Mexikaner der Oberschicht verhöhnen ihre Gegenüber aus der Arbeiterklasse als *Nacos* (Plebejer), während Letztere das anmaßende, gekünstelte Gehabe der Oberschicht als *Fresa* (wörtlich »Erdbeere«) verspotten. Soziale Mobilität existiert so gut wie nicht in einem Land, dessen Arbeitsmarkt und öffentliches Bildungssystem völlig unzureichend sind für die Bedürfnisse einer wachsenden, zum großen Teil verarmten städtischen Bevölkerung, die dereinst von dem Fernsehmagnaten Emilio Azcárraga als *los jodidos* (»die Angeschmierten«) bezeichnet wurde.

Das indigene Mexiko

Der 500. Jahrestag der europäischen Invasion wurde mit Mobilisierungen in ganz Mexiko begangen. Zwei Stunden waren erforderlich, bis in der Hauptstadt alle Kundgebungsteilnehmer auf den *Zócalo* gelangt waren. Die letzte dort eintreffende Gruppen waren Nahuas aus der Zongolica Sierra von Veracruz. Und auf dem Transparent, das sie trugen, hieß es: »Sie haben unseren Wald abgeholzt, unsere Äste abgesägt, unseren Stamm verbrannt, aber unsere Wurzeln konnten sie nicht töten.«

Im Gegensatz zu Peru, Bolivien und Guatemala, wo die indigene Bevölkerung in der Mehrzahl ist, wurde der Großteil von Mexikos Urbevölkerung von der *Mestizo*-Kultur assimiliert. Etwa 90% der Mexikaner haben sowohl europäische als auch indigene Vorfahren. Insofern stammen die meisten Mexikaner zugleich von Eroberern und Eroberten ab - eine einzigartige Situation für die amerikanischen Kontinente.

Hinsichtlich der Bezifferung der verbliebenen rein indigenen Bevölkerung von Mexiko gibt es eine Kontroverse. Beim Zensus im Jahr 2000 wurde ermittelt, dass 7,3 Millionen Menschen eine indigene Sprache benutzen, obwohl 2 Millionen davon auf die Frage, ob sie indigen seien, mit Nein antworteten - offensichtlich wegen des daran haftenden sozialen Stigmas. Im Gegensatz dazu behauptete eine andere Gruppe von einer Million Menschen, die keine indigene Sprache beherrschte, von sich, indigen zu sein. Das Nationale Indigene Institut der Regierung (INI) schätzt unter Verwendung einer anderen Zählmethode die Größe der Urbevölkerung auf 10,6 Millionen.

Schätzungen über die Zahl der mexikanischen Indigenas zur Zeit der *Conquista* variieren zwischen 12 und 25 Millionen, aber 100 Jahre nachdem Cortés gelandet war, waren nur noch 1,2 Millionen verblieben - ein Verlust, der zwei europäischen Holocausts gleichkommt. Obwohl sich die Behandlung der amerikanischen Ureinwohner durch die Spanier durch besondere Brutalität auszeichnete, starb ein Großteil der indigenen Bevölkerung an den von den Kolonisatoren mitgebrachten Krankheiten - 800.000 Tote wurden allein während einer einzelnen Windpockenepidemie im Jahr 1545 gezählt. Im Gegensatz dazu wächst Mexikos indigene Bevölkerung heute schneller als die nicht-indigene, und es wird erwartet, dass ihre Zahl in den ersten Jahren des 21. Jahrhunderts das Niveau aus der Zeit vor der *Conquista* übertreffen wird.

In Mexiko leben 56 verschiedene *Pueblos indios* (indigene Völker). Dreizehn Bundesstaaten, sieben davon im Süden, werden vom INI als »in hohem Maße indigen« betrachtet. Mit 1,4 Millionen sind die Nahuatl-sprechenden Indigenas die zahlreichsten. Die Nahuas, die in Zentral-Mexiko konzentriert sind, sind die direkten Nachkommen der Azteken und anderer Mexica(Tal von Mexiko)-Kulturen. Über den Südosten sind 665.000 Indigenas verteilt, die sich einer der Maya-Sprachen bedienen, und 425.000 Zapoteken bewohnen den Isthmus und die Sierras von Oaxaca. Andere zahlenmäßig und kulturell bedeutsame Gruppen mit Populationen von Zehn- bis Hunderttausenden sind die Purépechas (Michoacán), die Huicholes und Coras (Jalisco-Nayarit), die Tarahumaras (oder Raramuri) von Chihuahua und die Yaquis und Mayos der Sonora-Wüste. Am Ende der Liste befinden sich 14 Völker mit weniger als 1.000 heute noch lebenden Personen.

Trotz ihrer geografischen und linguistischen Unterschiede haben die mexikanischen Indigenas eines gemeinsam - ein schweres Leben. Die meisten der nach UNO-Kriterien als »extrem arm« eingestuften 18 Millionen Mexikaner leben in jenen 803 Landkreisen, die auf Mexikos politischer Karte als vorwiegend indigen ausgewiesen sind. Lebenserwartung, Überlebensrate von Kindern und Müttern, Alphabetisierungsgrad und Einkommensniveau der Indigenas liegen deutlich unter dem der nicht-indigenen Bevölkerung. Die Migrantenströme aus indigenen Dörfern zählen zu den höchsten des Landes - so manches Dorf in der Mixtec Sierra wurden von allen verlassen, außer von den ganz Alten und den ganz Jungen.

Diego Riveras überlebensgroße Wandgemälde stellen das Märtyrertum der Aztekenherrscher dar. Schulbücher und Brauereien würdigen die Indigenas auf ihren Bucheinbänden und Flaschenetiketten. Dessen ungeachtet sind Rassismus und Paternalismus in der mexikanischen Gesellschaft institutionalisiert, und der einzige Kontakt, den die privilegierten Schichten der Bevölkerung mit der Urbevölkerung haben, ist der mit Hausmädchen und Schuhputzern. Bis vor nicht allzu langer Zeit verließen die Maya in San Cristóbal de las Casas in Chiapas ehrerbietig den Bürgersteig, um Weiße und Mestizen vorbeizulassen. Indigenas, denen es gelang, auf eine Universität zu kommen und einen Abschluss zu erlangen, wurden stillschweigend gedrängt, sich in den Mainstream der Gesellschaft zu assimilieren. Und die meisten taten es.

Trotz des Stereotyps einer stoischen Haltung ist *México indígena* immer weniger bereit, die traditionelle Diskriminierung hinzunehmen. Da die meisten Indigenas zugleich Subsistenzbauern (*Campesinos*) sind, kämpfen sie seit langem an vorderster Front, wenn es um Landgerechtigkeit geht - Emiliano Zapata gehörte zur Nahuatl-sprechenden Ethnie. *México indígena* hat sich selbst organisiert in Form von Ältestenräten, Kunsthandwerk-Kooperativen, regionalen und nationalen Allianzen und sogar durch bewaffnete Rebellion. Auf diese Weise leisten sie Widerstand gegen Rassismus und Untätigkeit der Regierung und lehnen den Paternalismus des Nationalen Indigenen Instituts ab, dessen indigene Politik bisher mehr auf die Erhaltung der indigenen Folklore ausgerichtet war als auf die Verbesserung der Lebensbedingungen der mexikanischen Indigenas. Indigene Intellektuelle finden zunehmend Mittel und Wege, ihre Identität zu wahren: durch Berufsverbände - z.B. die Assoziation indigener Rechtsanwälte - und eine wachsende Zahl von Massenmedien in indigenen Sprachen einschließlich Radiostationen.

Der Aufstand der Zapatistas von 1994, der von 4 Maya-Gruppen getragen wird, fand eine kräftige Resonanz in der indigenen Kultur der Nation. Heute verlangen die *Pueblos indios* Selbstverwaltung für ihre eigenen autonomen Regionen. Der Bundesstaat Oaxaca im Süden des Landes mit seiner großen Konzentration an indigener Bevölkerung steht da an vorderster Front. Im Jahr 1998 wurde dort das fortschrittlichste Gesetz über indigene Rechte im ganzen Land verabschiedet, das eine weitreichende kulturelle und politische Autonomie zugesteht. Etwa 412 indigene Orte haben sich zu traditionellen Formen der Selbstverwaltung entschlossen und erheben Steuern in Form von *tequio* (gemeinnützige Arbeit).

Ein ähnliches Gesetz wurde im April 2001 in Reaktion auf die seit langem schwelende zapatistische Rebellion auf Bundesebene verabschiedet. Eine indigene Otomi, Xochitl Galvez, ist die erste Beraterin für indigene Angelegenheiten im Rang einer Ministerin, und es gibt Pläne, den Indigenen zu helfen, ihre eigenen Stärken in den Bereichen der traditionellen Medizin, des Biolandbaus und auf anderen Gebieten auszunutzen, um der Armut zu entfliehen. »Die ältesten Völker sind jetzt die Avantgarde«, schreibt der Agrarhistoriker Antonio García de León.[2]

Von den Ruinen

Mexikos indigene Zivilisationen wurzeln in Mais und Wasser. Jäger und Sammler kamen 15.000 Jahre vor unserer Zeitrechnung aus dem Norden in das Tal von Mexiko. Der früheste Zeitpunkt einer nachgewiesenen Domestikation von Mais, der zunächst als Wildgras geerntet wurde, datiert auf 4000 vor unserer Zeitrechnung (v.u.Z.) und wurde südlich des Tales von Mexiko bei Tehuacán im Bundesstaat Puebla gefunden.

Die Olmec-Zivilisation, deren Zentrum sich dort befand, wo sich im heutigen Tabasco und Veracruz die karibische Küste krümmt, wird in den mexikanischen Schulbüchern als die »Mutterkultur« bezeichnet. Aber diese Mutter ist längst verschwunden. Die Olmecen, deren Blütezeit zwischen 1200 und 800 v.u.Z. lag, hinterließen wenige Spuren - von einigen rätselhaften Steinköpfen abgesehen, die sich durch eindeutig negroide Gesichtszüge auszeichnen und gehäuft in der Umgebung von La Venta, im Tabasco, zu finden sind. Olmec-Fragmente wurden aber auch an weiter entfernten Stellen bis hin

---

2. John Ross' Begeisterung für die vermeintliche Verbesserung der Achtung der Indigena-Rechte ist nicht ganz nachzuvollziehen (siehe Anmerkung 8), wobei seine hier zum Ausdruck gebrachte rosige Sichtweise in deutlichem Kontrast zu seinen zwei anderen Büchern steht (siehe unter weiterführende, englischsprachige Lektüre)

nach Guerrero an der Pazifik-Küste ausgegraben, was auf die große Ausdehnung dieser ersten mexikanischen Maiskultur hinweist.

Die Domestikation von Mais im Tal von Mexiko begann etwa 3000 v.u.Z., aber der Maisanbau fing erst im letzten Jahrtausend v.u.Z. an zu dominieren, als die Gegend von Teotihuacán, 40 Kilometer nördlich vom heutigen Mexiko-Stadt gelegen, durch die Entdeckung unterirdischer Quellen für Bergbewohner, die sich in jener Ebene ansiedelten, attraktiv wurde. Die dort befindliche Sonnenpyramide ist in ihrem Grundriss genau so groß wie die Cheops-Pyramide in Ägypten, eines der sieben Weltwunder.

Die Bevölkerung von Teotihuacán wuchs in alarmierender Geschwindigkeit. im 5. Jahrhundert u.Z. zählte die Stadt bereits 200.000 Einwohner, und da sie unfähig war, so viele Menschen zu tragen, begann ihr Niedergang. Eine ausgedehnte Dürre während der zweiten Hälfte des 1. Jahrtausends u.Z. machte den einst mächtigen Stadtstaat zur leichten Beute für die Chichimeca-Nomaden aus dem Norden.

Der Fall von Teotihuacán, etwa im Jahre 750, erfolgte zur gleichen Zeit wie der Kollaps anderer dominanter Kulturen. Monte Albán, das um etwa 500 in der Nähe des heutigen Oaxaca (Hauptstadt des gleichnamigen Bundesstaates) von den Vorfahren der heutigen Zapoteken gegründet wurde, wurde vermutlich ein Opfer derselben tödlichen Kombination aus Bevölkerungswachstum und Umweltzerstörung.

Die Maya-Stadtstaaten von Palenque (Chiapas), Tikal (Guatemala) und Copán (Honduras) wurden ebenfalls in dieser Periode verlassen. Die Maya, deren Blüte auf die Zeit zwischen 200 und 500 datiert wird (obwohl ihr eigener Kalender im Jahr 3144 v.u.Z. begann), schufen komplexe Städte und eine fortgeschrittene hieroglyphische Schriftsprache, studierten Astronomie und die Gesetze der Zeit und entwickelten eine ausgeklügelte mathematische Lehre, in der es bereits die Null als Zahl gab – all dies, während Europa noch im finstersten Mittelalter lebte. Doch trotz der Brillanz ihrer Denker hatten die Maya kein Verständnis für das empfindliche Ökosystem des Regenwaldes, von dem sie letztendlich abhingen. Die Zerstörung ihrer Wälder zusammen mit der Dürreperiode, die sich über ganz Mittelamerika ausbreitete, stieß an die Grenzen der Belastbarkeit des Landes und machte eine nachhaltige Existenz der Städte unmöglich.

Es gab keine unmittelbaren Nachfolger dieser Kulturen in Zentralmexiko. Die Chichimeca-Stämme überfielen, aus ihren trockenen Wüsten und Bergen kommend, den Süden und besiedelten Tlaxcala, Cholula und das Tal von Mexiko. Etwa gegen 1050 erblühte eine Chichimeca-Kultur bei Tula. Die Tolteken (»Erbauer« auf Nahuatl) schufen eine weiße Stadt, geziert von Tempeln, die Quetzalcoatl, der Gefiederten Schlange, geweiht war, dem Gott, den sie aus dem Pantheon von Teotihuacán übernommen hatten. Ähnlich wie frühere Maiskulturen wurde die Tolteken-Kultur in der Mitte des 13. Jahrhunderts ein Opfer der Dürre. Der Legende zur Folge verließ Quetzalcoatl die Menschen wegen ihrer Sünden, versprach aber, eines Tages aus dem östlich gelegenen Land des Morgengrauens zu ihnen zurückzukehren. Heute beanspruchen die Otomís (Nahnus), Nachfolger der Tolteken zu sein.

Die Azteken, die sich das Schmetterlingssymbol des Kriegsgottes Huitzilopochtli auserkoren hatten, waren der letzte der nomadisierenden Chichimeca-Stämme, der im Tal von Mexiko eintraf. Huitzilopochtli hatte angeordnet, dass eine Stadt dort gegründet werden sollte, wo man einen Adler einen Schlange fressen sah, und eben eine solche Erscheinung wurde auf einer Insel des Texcoco-Sees gesichtet - dem Gründungsort von Tenochtitlán im Jahre 1325 (heute befindet sich dort die Plaza Santo Domingo von Mexiko-Stadt). Dieser schlangenfressende Adler fand schließlich seinen Platz in der mexikanischen Flagge.

Obwohl ihre Kultur auf einer ähnlichen Insel (Aztlán im Gebiet von Nayarit) sehr derbe Wurzeln hatte und ihr kriegerisches Wesen durch Jahrhunderte nomadischer Raubzüge geprägte wurde, behaupteten die Azteken, von den als erhaben betrachteten Tolteken abzustammen. Nach wechselnden Allianzen mit anderen am See lebenden Mächten gewannen die Azteken im Jahr 1427 letztendlich die Oberhand im Tal von Mexiko.

Die Aztec-Mexicas strebten nach Ernährungssicherheit und wollten nicht durch Dürreperioden verwundbar sein, wie jene, die vor ihnen hier gescheitert waren. Das Anbausystem *Chinampa* unter

Verwendung schwimmender Inseln (wie sie noch heute in Mexico-Citys Stadtteil Xochimilco genutzt werden) produzierte ausreichend Mais, Chili-Schoten und Flaschenkürbisse zur Ernährung der wachsenden Stadt, in der 1480 etwa 70.000 Menschen wohnten und deren Charakteristika ein ausgedehntes Kanalsystem und ein zunehmend blutbefleckter Opferaltar waren.

Das Aztekenreich basierte auf militärischer Macht und der Unterwerfung von Vasallenstaaten durch eine Klasse von Kriegern. Die Kriege wurden nicht geführt, um den Feind auf einem Schlachtfeld zu besiegen, sondern um Menschen gefangen zu nehmen, die man dann jenen Gottheiten opfern konnte, die das aztekische Universum im Gleichgewicht hielten. Tenochtitlán wurde, wie alle alten Kulturen Mexikos, von einer Theokratie beherrscht, die in wachsendem Maße Blutopfer forderte, sowohl um genügend Regen für eine reiche Maisernte zu sichern als auch um die eigenen Ambitionen zu befriedigen.

Der Beginn des Zerfalls des Aztekenreichs wird oftmals gleichgesetzt mit dem Tod von Tlacaelel (1496), dem Tlatoani oder »Königsmacher«, bei dem 70 Jahre lang die Fäden hinter dem Thron zusammen liefen. In Ermangelung dessen führender Hand erklärte sich Moctezuma II., der Neunte Aztekenherrscher, in arroganter Manier selbst zum Gott und schickte riesige Armeen eintausend Kilometer nach Süden, um aufsässige Vasallen an der Peripherie des Reiches zu unterwerfen. Ständige Tributforderungen von Opfern für rituelle Tötungen führten zunehmend zu Ungehorsam und Aufständen in den Provinzen.

Zugleich wurde Tenochtitlán, dessen Einwohnerzahl inzwischen auf 200.000 gestiegen war, ähnlich unregierbar wie das moderne Mexiko-City. Die Stadt wurde von Überschwemmungen heimgesucht und Kometen blitzten über dem nächtlichen Himmel. Der Legende nach geriet Moctezuma, ein abergläubischer Herrscher, in Panik, als er hörte, dass ein großes Schiff mit geblähten Segeln vor Yucatán gesichtet wurde. Der Herrscher war von Quetzalcoatls Rückkehr überzeugt.

Conquista und Kolonialzeit

In den Jahren 1517/18 stießen spanische Schiffe auf die Küste von Yucatán und Tabasco. Der 33 Jahre alte Hernán Cortés, ein Glücksritter aus der extrem verarmten spanischen Region Extremadura, war Befehlshaber der 3. Expedition dieser Art, die er selbst finanziert hatte. Nachdem er auf die Spuren seiner Vorgänger gestoßen war, wendet sich Cortés schroff nach Nordwesten, segelte die Küste von Veracruz entlang und ankerte am 20. April 1519, unweit von Laguna Verde, wo sich heute Mexikos einziges Atomkraftwerk befindet. Moctezuma, von der Rückkehr Quetzalcoatls überzeugt, schickte Boten, die Geschenke aus Gold überbrachten, was die Gier der Europäer nur noch mehr anstachelte.

Das Reich der Azteken war zu groß geworden und von Revolten geschüttelt. In der Absicht, das Joch von Tenochtitlán abzuwerfen, wurden zunächst die Totonaken und später die Tlaxcalteken zu Verbündeten von Cortés. 400 spanische Soldaten marschierten in das Hochland mit Pferden, Kanonen und 20.000 indigenen Rekruten. Als Erstes schlugen sie die Cholulanen. Anschließend überwanden sie den »Paso de Cortés« zwischen den schneebedeckten Gipfeln der Vulkane Popocatépetl und Iztaccihuatl und griffen das Tal von Mexiko an.

Nun erkannte Moctezuma die Unvermeidbarkeit des Falls von Tenochtitlán. Am 8. November, nur 7 Monate nach der Landung in Mexiko, marschierte Cortés unbehelligt über die Hauptzugangsstraße in die aztekische Inselfestung ein. Die Stadt selbst war größer als irgendeine Stadt, die er jemals in Spanien gesehen hatte.

Moctezuma ergab sich umgehend der spanischen Krone und, eifrig von Cortés angetrieben, schwor er der Opferung von Menschen ab und nahm den katholischen Glauben an. Aber die Berater des Aztekenherrschers waren nicht so leicht vom neuen Glauben zu überzeugen. Als Widerstand aufkeimte, nahmen die Spanier Moctezuma als Geisel und ermordeten ihn. Die Nachfolge des getöteten Herrschers trat zunächst Cuitlahuac an, später gefolgt von Cuauhtémoc, dem jungen »herabschwebenden Adler«. Cortés und seine Truppen wurden zweimal gezwungen, sich aus Tenochtitlán zurückzuziehen. Im Frühjahr 1521 kehrte er jedoch mit Booten aus Tlaxcala zurück, die seine Kräfte schnell über den See transportieren sollten. Die Belagerung der Stadt dauerte 75 Tage, und Tenochtitlán fiel schließlich am 21. August, als es Cortés gelang, Cuauhtémoc gefangen zu nehmen. Heute ist die Stelle mit einer verblassenden Gedenktafel markiert, die an einem Geschäft für gebrauchte Autoteile in der Constancia-Straße im Zentrum des Stadtteiles Peralvillo angebracht ist. Die Fünfte Sonne, die die Grenzen der Aztekenherrschaft definierte, war erloschen. »Das war das Ende der Mexikaner«, hielten die Tlaxcaltecos in ihren Codices fest.

Die Konsolidierung der Conquista erfolgte mit der Kanone, der Peitsche, dem Kreuz und - vor allem - mit Krankheitsepidemien. Nur ein Drittel der Bewohner von Tenochtitlán war ein Jahr nach der Eroberung noch am Leben. In den ersten 100 Jahren schrumpfte die indigene Bevölkerung von Neu-Spanien (das sich damals von Chiapas bis zu den Grenzen des heutigen US-Bundesstaates Louisia-

Die *Conquista* hielt jede Menge Grausamkeiten für die mexikanische Urbevölkerung bereit (Wandgemälde im *Palacio Nacionál*). (Foto Dorit Siemers)

na erstreckte) auf ein Zehntel seiner ursprünglichen Zahl zusammen. Windpocken, Lungenentzündung, selbst Masern und Mumps töteten Millionen. Im Gegenzug machten die Indigenas die Spanier mit einer ihrer eigenen Krankheiten bekannt - Syphilis.

Die Epidemien wurden von Hungersnöten begleitet. Die von den Azteken entwickelte ökologische Balance kollabierte. Bergabhänge wurden entwaldet, um die Hauptstadt wieder aufzubauen und um sie mit Brennstoff zu versorgen, was zu Bodenerosion führte und die Seen mit Schlamm füllte. Kuhherden zogen über das Land und zerstörten die Äcker der Urbevölkerung, die von den Conquistadores für ihre riesigen *Encomiendas* (alte Bezeichung für Latifundien) beansprucht wurden. Die überlebenden Indigenas wurden zuerst versklavt, doch im Jahr 1540 aufgrund der beharrlichen Proteste katholischer Bischöfe wieder aus dem Sklavenstatus entlassen. Man importierte Afrikaner, um das entstandene Vakuum zu füllen. Im Jahr 1650 waren 20 Prozent der Bevölkerung von Neu-Spanien - 160.000 Menschen - afrikanischer Abstammung.

Die Entdeckung ergiebiger Silberminen in Zacatecas, 320 Kilometer nördlich von Mexiko-Stadt, im Jahr 1545 wurde zur Quelle der Bereicherung für die Habsburg-Dynastie. Für die nächsten 100 Jahre (bis Peru zum größten Produzenten aufstieg) war das Silber aus Neu-Spanien die Weltwährung.

Das 17. Jahrhundert wird in der mexikanischen Geschichte als das »Vergessene Jahrhundert« bezeichnet, aber in dieser Zeit entstanden verschiedene Institutionen, die bis heute überlebt haben. Haciendas lösten die *Encomiendas* als Hauptform der ländlichen Wirtschaft ab und brachten eine zuweilen brutale Ordnung in die landwirtschaftliche Produktion. Die großen Kolonialstädte wie Morelia (damals Valladolid), Puebla und Zacatecas wurden gebaut. Da Spanien in seinen Kolonien keine verarbeitende Produktion erlaubte, wurden heimlich *Obrajes* (Arbeitshäuser) eröffnet und Puebla erblühte auf der Basis der verbotenen Herstellung von Textilien und Töpferwaren. Die Kirche erzwang mit Hilfe der Inquisition massenhafte Konversionen zum christlichen Glauben (die grausamen Hinrichtungen von Ungläubigen auf dem Zócalo von Mexiko-Stadt zählten zu den spektakulärsten außerhalb von Spanien selbst).

Ein anderes Instrument zur Verbreitung des ›einzig wahren‹ Glaubens war die dunkelhäutige Jungfrau von Guadalupe, von der behauptet wird, sie sei im Jahre 1531 dem Indio Juan Diego auf dem Hügel von Tepeyac, nördlich von Mexiko-Stadt, erschienen. Auf dem Hügel hatte dereinst ein Tempel gestanden, der Tonantzin geweiht war, der aztekischen Göttin der Erde. Eine solche Wiederverwendung religionsträchtiger Stätten war allgemein üblich. Kathedralen wurden auf den Grundmauern von Tempeln errichtet, deren Steine noch vom Blut der rituellen Opfer gefärbt waren. Unter dem Namen neuer Heiliger wurden die alten Götter weiterhin angebetet, in Sprachen und mit Ritualen, die bis heute fortleben.

Der Kult um die Jungfrau von Guadalupe wurde erst im 17. Jahrhundert populär, als die Klasse der Kreolen - der hellhäutigen Mischlinge aus indigenen und spanischen Vorfahren - sich dieser Heiligen annahmen. Trotz der ethnischen Vielfalt Neu-Spaniens wa-

Die tatsächlich praktizierte Religion ist oftmals auch heute noch ein Mischung aus Christentum und Maya-Ritualen. (Foto: Gerd Schmitt)

ren die von der Hautfarbe gesetzten Grenzen unüberwindlich - 16 verschiedene Kasten, durch graduelle Hautfarbenunterschiede voneinander getrennt, wurden geschaffen, um eine soziale Vermischung zu verhindern. Indigenas, Schwarzen und Mestizen waren die untersten Ränge zugewiesen, während eine Handvoll ›reinrassiger‹ Spanier - die weißen *Gachupines* - die Spitze besetzten. Eine Stufe darunter befanden sich die Kreolen, die sich selbst wegen ihrer Geburt in der ›Neue Welt‹ als *Americanos* bezeichneten und wegen der durch ihren sozialen Status gesetzten Grenzen aufgebracht waren.

Die Zerstörung der spanischen Armada im Jahre 1588, der zerstörerische 30jährige Krieg und die Dekadenz der Habsburger Nachfolge ließ das Mutterland zu einem Schatten dessen werden, was es zum Zeitpunkt der Conquista war. Neu-Spanien hingegen befand sich im Aufstieg.

Der Handel nach Osten wie nach Westen florierte unabhängig von der Krone. Von 1565 bis zum Anfang des 19. Jahrhunderts brachten die Manila-Galeonen der Nao-Flotte die Reichtümer des Orients nach Acapulco, einem Hafen an der Westküste, den die Spanier in ihrem unerschütterlichen Glauben daran erbaut hatten, dass sie, immer weiter nach Westen segelnd, schließlich im Osten ankommen würden. Für Spanien vorgesehene Güter wurden im Hafen von Veracruz verladen, und es brauchte weniger Zeit, sie nach Sevilla zu verschiffen, als es dauerte, das Silber von Zacatecas an die Ostküste von Mexiko zu transportieren.

Während des 18. Jahrhundert verdoppelte Neuspanien seine Größe auf 4,1 Mio. km² und verleibte sich Texas, Kalifornien und das, was die heutigen südwestlichen Bundesstaaten der USA ausmacht, ein - eine Landfläche, die größer war als Brasilien. Von 1742 bis 1819 verdoppelte sich die Bevölkerungszahl auf 6,1 Mio., und Mexiko-Stadt wurde mit 130.000 Einwohnern zur größten Stadt auf den amerikanischen Kontinenten. Zu Beginn des 19. Jahrhundert waren Macht und Reichtum in den Händen einer Schicht von Händlern konzentriert, die nicht mehr als 20.000 Spanier und 10.000 Kreolen umfasste. Sie ließen koloniale Villen errichten, die auch heute noch die Straßen des historischen Zentrums der Hauptstadt säumen. Sie aßen europäische und orientalische Delikatessen und kauften sich

Adelstitel von der bourbonischen Krone. Gleichzeitig schufteten 3,6 Millionen Indigenas und 2,5 Millionen Mestizen und *Mulatos*, für die eine Teilhabe an der Geldökonomie völlig ausgeschlossen war, in den Bergwerken, *Obrajes* und Haciendas. Der Bischof von Valladolid fasste das System mit den Worten zusammen: »Das Land ist geteilt in jene, die nichts haben und jene, die alles haben.«

Befreier, Präsidenten, Kaiser und Diktatoren

Mexikos Kampf um die Unabhängigkeit war einer von einem ganzen Dutzend Aufständen gegen das Mutterland Spanien zwischen 1808 und 1821. Im Gegensatz zu den Erhebungen weiter südlich sorgten die besonders krassen Gegensätze zwischen Arm und Reich dafür, dass die nationale Unabhängigkeit mit einem Maximum an Blutvergießen errungen werden musste. Der Auslöser war der Kampf der kreolischen Americanos um einen größeren Anteil an der Macht - ein Kampf, der vom demokratischen Geist der Französischen Revolution und der Rebellion der 13 amerikanischen Kolonien gegen die englische Krone inspiriert war. Als Napoleon 1808 nach Spanien einmarschierte, verkündeten Sprüche auf Hauswänden in Mexiko-Stadt, dass die Zeit für die Revolution gekommen sei.

Doch der Aufstand begann nicht in der Hauptstadt. Ein kreolischer Landpriester im Bajío von Guanajuato, Miguel Hidalgo, ließ den *Grito* der Unabhängigkeit am 16. September 1810 erschallen, nachdem sich herausgestellt hatte, dass seine Mitverschwörer verraten worden waren. Hidalgo war nicht der einzige Priester, der gegen die spanische Krone konspirierte - 400 Priester waren im Kampf um die Unabhängigkeit aktiv.

Als die Befreiungsarmee die Provinzhauptstadt einnahm, folgten 10.000 Menschen, zumeist Indigenas, Mestizen und Mulatten, Hidalgo und dem Banner der Jungfrau von Guadalupe. Ihre Wut auf die hellhäutige Oberklasse manifestierte sich in einem Massaker an 300 Royalisten, die in das Getreidelagerhaus von Guanajuato, die Alhóndiga, geflohen waren. In Mexiko-Stadt bekamen es die Kreolen und *Gachupines* mit der Angst zu tun und entsandten die nur

23.000 Mann starke königliche Armee, die nur sehr wenige aus Spanien stammende Soldaten in ihren Reihen hatte. Obwohl die Streitkräfte Hidalgos inzwischen auf 100.000 Mann gewachsen waren, wurden sie katastrophal geschlagen. Hidalgo floh nach Norden, wurde aber in Chihuahua gefasst und erschossen. Sein Aufstand hatte nur 7 Monate gedauert. José María Morelos y Pavón, ein dunkelhäutiger Priester aus der heißen Gegend von Michoacán, nahm Hidalgos Banner wieder auf, aber nicht, um die kopfstarke Armee seines Vorgängers wieder aufzubauen. Vielmehr setzte Morelos seine Truppen in einem Guerrilla-Krieg ein, der in den südlichen Provinzen erfolgreich war, bis er schließlich gefangen und hingerichtet wurde, als er 1815 versuchte, die Straße von Veracruz zu überqueren. Sein Nachfolger, Vicente Guerrero, setzte die Guerrilla-Taktik im Westen fort.

Ironischerweise kam die Befreiung schließlich von der königlichen Armee selbst. Augustín de Iturbide, der Kreolen-General, der Hidalgo im Jahre 1810 geschlagen hatte, verkündete den »Plan von Iguala«, in dem die Unabhängigkeit von Spanien, ein universeller Katholizismus und die Einigkeit von in Mexiko geborenen und in Mexiko lebenden Spaniern gefordert wurde, um eine neue Nation zu gründen. Am 27. September 1821 zog Iturbide ungehindert in die Hauptstadt ein, und die Unabhängigkeit von Spanien wurde formal erklärt. Seit Hidalgos Schrei waren nach 11 jährigem Bürgerkrieg 600.000 Menschen gestorben - die meisten von ihnen Indigenas und Mestizen. Fast auf den Tag genau 300 Jahre nachdem Cortés Tenochtitlán eingenommen hatte, waren die Mexikaner frei, aber diese Freiheit konnten nur sehr wenige genießen.

Der Traum von einer demokratischen Republik verflüchtigte sich schnell. Innerhalb weniger Monate hatte sich Iturbide zum Kaiser erklärt, wurde aber 2 Jahre später öffentlich hingerichtet. Zwischen 1821 und 1855 hatte Mexiko 50 verschiedene Regierungen, 11 davon unter der Führung von Antonio Santa Ana. General Santa Ana raubte die öffentlichen Kassen aus, verlor aus unerklärlichen Gründen große Schlachten und trat die Hälfte von Mexiko an die Vereinigten Staaten ab, aber immer wieder baten die Abgeordneten den romantischen, paranoiden *Veracruzano*, Präsident zu werden.

Antonio Santa Ana wird angelastet, dass er den Norden Mexikos den gehassten Gringos überlassen hat. Im Jahr 1835 hetzte der General seine Truppen nach Texas, massakrierte bei Alamo grundlos eine Garnison nordamerikanischer Sezessionisten und schuf so die Voraussetzungen für die US-Intervention. Ein Jahr später annektierte Präsident James Polk Texas unter dem Banner von Manifest Destiny[3]. Die US-Amerikaner überquerten den Rio Grande und Marine-Infanteristen landeten bei Mazatlán an der Pazifik-Küste und Veracruz an der Golf-Küste. General Winfield Scott folgte der Route, die einst Cortés eingeschlagen hatte, und am 14. September 1847 wehten die Stars and Stripes über der Burg von Chapultepec. Die zu Märtyrern gewordenen Verteidiger dieser Festung werden als *los niños héroes* (die heroischen Jungs) geehrt. Der Vertrag von Guadalupe Hidalgo, der am 2. Februar 1848 unterzeichnet wurde, trat 2 Millionen Quadratkilometer an Washington ab - den Wilden Westen der USA. Die Entdeckung von Gold in Kalifornien wurde vor der mexikanischen Verhandlungsdelegation geheim gehalten.

Mexikos moderne politische Geschichte beginnt mit dem Ende von Sana Anas letzter Präsidentschaft im Jahr 1855. Liberal eingestellte Politiker unter Führung von Benito Juárez erlangten die Macht und verabschiedeten 1857 eine Verfassung, die den Grund und Boden der katholischen Kirche nationalisierte und deren Macht gravierend einschränkte. Ein konservativer Gegenangriff, der von Lucas Alamán angeführt wurde, stürzte das Land in den Bürgerkrieg. Die Konservativen kämpften für ein zentralisiertes oligarchisches System, während die langhaarigen Liberalen ein säkulares, föderales Staatsgebilde anstrebten.

---

3 Manifest Destiny: erstmals im Jahr 1845 von J. L. O'Sullivan verwendeter Begriff für eine christlich-religiös verbrämte Ideologie des Expansionismus der USA. Insbesondere wurden damit die Eroberung der Westhälfte des heutigen USA-Territoriums, der damit verbundene Genozid an den nordamerikanischen Ureinwohnern und die Annexion/Okkupation anderer Länder bzw. Teilen davon (Philippinen, Puerto Rico, Mexiko) begründet.

Im Jahr 1861 setzte der siegreiche Juárez die Verfassung und ihre Reformgesetze wieder in Kraft, aber erklärte den nationalen Bankrott und verweigerte die Bezahlung der Auslandsschulden. Die Konservativen schickten ihre Boten nach Europa und baten England, Frankreich und Spanien zu intervenieren und Mexiko von den liberalen Barbaren zu säubern. Im Gegenzug versprachen sie die Bezahlung der Schulden. England und Spanien schickten Interventionstruppen, aber Juárez überredete sie, die Einforderung der Schulden auszusetzen. Jedoch war Napoleon III. begierig, die US-Dominanz auf den amerikanischen Kontinenten zu durchbrechen. Im Jahre 1862, als der Bürgerkrieg in den USA begann, begann auch die französische Intervention. Die Niederlage der französischen Truppen in der Schlacht von Puebla, als sie am 5. Mai den Truppen der Generäle Ignacio Zaragoza und Porfirio Díaz und einer Armee von Zacapoaxtla Indigenas gegenüberstanden, ist bis heute ein patriotischer Feiertag für Mexikaner im In- und Ausland. Aber die Franzosen reorganisierten ihre Truppen und hatten ein leichtes Spiel bei der Einnahme der Hauptstadt.

Die Konservativen mit ihrer Euro-Nostalgie boten dem habsburgisch-österreichischen Erzherzog Maximilian und seiner Braut, der Prinzessin Carlota von Belgien, an, Kaiser und Kaiserin von Mexiko zu werden. Bald stellte sich heraus, dass Maximilian humanistische Anschauungen hatte und mit den Ideen der Liberalen sympathisierte (was aber keine praktischen Konsequenzen hatte - Anm. d. Übs). In der Zwischenzeit hatten die vereinten Armeen der Franzosen und der Konservativen Juárez' verfassungsmäßige Regierung nach Norden zur texanischen Grenze bei Paseo del Norte (heute Ciudad Juárez) zurückgedrängt. Der Präsident formte seine Streitmacht in eine Guerilla-Armee um und eroberte das nördliche Territorium Stück für Stück zurück, bis es für die kaiserlichen Truppen schließlich zu gefährlich wurde, sich außerhalb von Mexiko-Stadt sehen zu lassen. An der Südfront setzte Porfirio Díaz den französischen Truppen zu.

Im Jahr 1865 geriet Napoleon III. unter Druck durch Bismarck aus Preußen und brauchte seine Truppen zu Hause. Inzwischen war auch der US-Bürgerkrieg zu Ende gegangen und Washington drohte damit, die Monroe-Doktrin[4] durchzusetzen. Isoliert, ohne Armee und ohne Mut wurde Maximilian, dessen halb verrückte Frau in Europa um Unterstützung bettelte, gefangen genommen und im Juni 1867 auf einem Hügel oberhalb von Querétaro hingerichtet. Díaz zog in Mexiko-Stadt ein und wartete auf die Ankunft von Juárez.

Diese zwei mächtigen Oaxaqueños beherrschten die mexikanische Politik für die nächsten 50 Jahre. Juárez war ein zapotekischer Indigena, dessen Vorfahren Monte Albán gebaut hatten. Ähnlich wie sein Zeitgenosse Abraham Lincoln war Juárez ein Rechtsanwalt aus der Provinz, der sich zum Ziel gesetzt hatte, die Unterdrückten zu verteidigen. Seine Visionen wurden vom Streben nach Gerechtigkeit geformt, während er zugleich die politische Leiter erklomm und zunächst Gouverneur von Oaxaca und später Präsident des Obersten Gerichtshofs wurde. Der Aufstieg von Díaz war ähnlich steil. Als Sohn eines ländlichen Ladeninhabers durchlief er eine militärische Karriere und war bekannt für seine Ausdauer und seinen Mut. Die politischen Visionen von General Díaz beruhten allerdings meist auf blindem Ambitionismus.

Nach der Vertreibung der Franzosen wurde Juárez der erste gewählte Präsident Mexikos, der es schaffte, über die gesamte Wahlperiode im Amt zu bleiben. Als Juárez jedoch 1871 unter Missachtung der von ihm selbst geschriebenen Verfassung, die eine Wiederwahl ausschloss, versuchte, erneut zu kandidieren, erhob sich Díaz in Oaxaca. Trotz des Todes von Juárez im darauf folgenden Jahr wurde das Land von Bürgerkrieg und hitziger Personalpolitik zerrüttet, einem Chaos aus dem Díaz schließlich als Sieger hervorging.

Porfirio Díaz herrschte so lange (34 Jahre), dass ihm die Geschichtsschreibung eine eigene Epoche widmete, das *Porfiriato*. Das Geheimnis seiner Langlebigkeit erklärte sich durch seinen Slogan –

---

4 Monroe-Doktrin: von U.S.-Präsident James Monroe 1822/3 formulierte Doktrin, die allerdings erst Jahre später in praktische Politik umgesetzt wurde. Die Monroe-Doktrin verlangte von den europäischen Mächten, dass sie sich aus der westlichen Hemisphäre heraushielten und sprach zugleich den USA das Recht zu jeglichen Interventionen auf diesem Teil der Erde zu, sobald die Interessen der USA berührt wurden.

»Ordnung und Fortschritt«. In Mexiko hatte seit 1810 mit wenigen Unterbrechungen Krieg geherrscht und Díaz setzte eine »Pax Porfiriano« durch, indem er seine gefürchteten *Rurales* (Landpolizei) und *Federales* (Bundesarmee) zum Einsatz brachte. Örtliche *Caudillos* (Machthaber) übten absolute Autorität über rebellische indigene und mestizische Campesinos und Arbeiter aus. Der ungebildete Díaz umgab sich mit *Científicos,* Technokraten, die daran glaubten, dass menschlicher Perfektionismus durch technologischen Fortschritt garantiert würde. Fortschritt sollte durch ausländische Investoren gesichert werden. Britische Ingenieure erweiterten das Schienennetz von 320 auf 12.000 Kilometer und machten so die landwirtschaftliche Produktion im Landesinneren zugänglich. Das mexikanische Öl fand seinen Weg zu ausländischen Märkten, und die Silber- und Goldminen wurden auf der Basis von Konzessionen, die US-amerikanischen und europäischen Firmen erteilt wurden, wiederbelebt. Die vor kurzem elektrifizierte Industrie boomte, aber die Profite kamen nur wenigen zugute. Díaz zahlte sogar die Auslandsschulden zurück.

Unter Bruch der Verfassung kandidierte der Diktator alle 4 Jahre erneut, gewann die Wahl acht Mal hintereinander und schuf so das moderne mexikanische System des Wahlbetrugs.

100 Jahre nach der Unabhängigkeit, kurz vor dem Fall von Díaz, erging es der Mehrheit der 15 Millionen, die nun Mexiko bevölkerten, nicht besser als zu jener Zeit, als Hidalgo seinen berühmten *Grito* ausstieß. 80 Prozent der Bevölkerung lebten auf dem Lande, wo landlose Bauern als Leibeigene der Hacienda-Besitzer ihr Dasein fristeten. Im Süden wurden indigene Peones zur Zwangsarbeit verpflichtet, um Mahagoni-Bäume für den europäischen Bedarf zu fällen. Die Kaufkraft der Arbeiter in der Stadt war die gleiche wie vor 100 Jahren. Im Jahr 1910 betrug die durchschnittliche Lebenserwartung in Mexiko-Stadt nur 24 Jahre im Vergleich zu 45 Jahren in Paris. Die seit langem darbende Unterschicht Mexikos war reif für eine weitere opferreiche Revolution.

Die mexikanische Revolution

Im ersten Jahrzehnt des 20. Jahrhundert konnte die greise Diktatur nicht länger die Bedürfnisse der Menschen, über die sie regierte, erfüllen. Die Forderungen der Mittelschicht nach Aufstiegsmöglichkeiten stießen gegen eine alternde, undurchdringliche Oligarchie. Die Militanz der Bevölkerung wurde von den Schriften der anarchistischen Brüder Flores Magón angefacht, die in ihrer verbotenen Zeitschrift *Regeneración* erschienen. Die vor kurzem massenhaft entstandenen Industriearbeiter organisierten sich in Gewerkschaften, aber Streiks in der Kupfermine von Cananea in Sonora und in den Textilfabriken von Río Blanco, Veracruz, wurden durch von den Firmenleitungen gemietete Banditen und von Díaz' *Federales* brutal unterdrückt. Die Bauernschaft musste zusehen, wie die Ländereien ihrer Dörfer den Haciendas einverleibt wurden - die Zahl der Leibeigenen war viermal so groß wie die der freien Bauern. Ein Großgrundbesitzer in Chihuahua besaß ein Latifundium von der Größe Belgiens.

Der Sturz der Metallpreise im Jahr 1907 führte zu einer weltweiten Rezession und verschärfte die Spannungen. Als Díaz 1908 einem US-Journalisten erzählte, dass er in 2 Jahren nicht wieder kandidieren würde, schien die Tür für Veränderungen geöffnet. Zwischen 1908 und 1910 entstanden in ganz Mexiko 5.000 Clubs der liberalen Anti-Díaz-Partei.

Der unerwartete Herausforderer des Diktators war Francisco Madero. Der sendungsbewusste Madero, ein kleiner, Lenin ähnlich sehender Mann, Spross einer wohlhabenden Familie aus San Luis Potosí, reiste durchs Land und führte seinen Wahlkampf auf der Basis von Juárez' Verfassung von 1857, die eine Wiederwahl des Präsidenten verbot. Díaz, der sich von der Kühnheit des Neulings bis aufs Blut gereizt fühlte, revidierte seine ursprüngliche Entscheidung, nicht zu kandidieren und steckte seinen Opponenten ins Gefängnis, wo dieser und 5.000 seiner Unterstützer den Wahltag von 1910 verbrachten. Mit gekauften Stimmen und vollgestopften Wahlurnen gewann der 80-jährige Diktator die Wahl ohne Mühe.

Aber Madero war fanatisch. Er brach aus dem Gefängnis aus, flüchtete hinter die Grenze von Texas, von wo aus er dazu aufrief, die

Revolution am 20. November 1910 um 18.00 Uhr auf allen öffentlichen Plätzen Mexikos zu beginnen. Die darauf folgenden Aufstände waren ziemlich verstreut und konzentrierten sich auf den Norden unter Führung des als Gouverneurskandidaten abgelehnten Venustiano Carranza und zwei notorischen Viehdieben, Francisco Villa und Pascual Orozco. Zusammen mit Alvaro Obregón, einem Bohnenfarmer aus Sonora, und dem verwegenen Bauernführer Emiliano Zapata aus Morelos weit im Süden bildeten die fünf später die konstitutionelle Armee, die Díaz zu Fall brachte. Die ›Konstitutionalisten‹ strebten nach der Rückkehr zur Verfassung von 1857, die die Wiederwahl verbot. Díaz hingegen, als Oberbefehlshaber der Regierungsstreitkräfte, befehligte die ›Bundes‹armee. Das Schienennetz, der Stolz des *Porfiriato*, gereichte Villa zu großem Vorteil. Er stürmte mit seiner Division *del Norte* von Ciudad Juárez nach Süden. Innerhalb von 6 Monaten dankte der altersschwache Díaz ab und segelte nach Frankreich mit der schrecklichen Warnung: »Jetzt sind die wilden Tiere losgelassen. Nun lasst uns sehen, wer sie wieder einsperren kann.«

Francisco Madero erwies sich als ängstlicher Liberaler, der an die Unverletzlichkeit des Privateigentums glaubte und nicht die Tiefe der Wut und Empörung begriff, die er mit seiner Mittelschicht-Revolution entfesselt hatte. Innerhalb weniger Tage nach seiner Amtseinführung im Jahre 1911 erhob sich Zapata, sein einstiger Verbündeter, in Morelos, um jenes Land, dass den Haciendas systematisch einverleibt worden war, den Dörfern zurückzugeben. Zapatas ›Ayala Plan‹ war sowohl ein landwirtschaftliches Programm als auch eine Kriegserklärung gegen jeden, der in Mexiko-Stadt regierte. Sein Kreuzzug endete erst 8 Jahre später, als der schnurbärtige »Caudillo des Südens« von Carranza in einen Hinterhalt gelockt wurde.

Unter dem Druck der Basis und mit wenig Unterstützung seitens der zerstrittenen Konstitutionalisten war Madero ein leichtes Opfer für die unbesiegten Anhänger Porfirios und wurde bald darauf von General Victoriano Huerta gestürzt, der Madero im Februar 1913 schmachvoll vor dem Gefängnis Lecumberri von Mexiko-Stadt erschoss. Huerta, der sich seine Sporen bei der Unterdrückung von Indio-Aufständen verdient hatte, wurde von den USA für die scheinbare Wiederherstellung von Recht und Ordnung hoch gelobt.

Emiliano Zapata - porträtiert von den Zapatistas in Oventik, Chiapas.
(Foto: Dorit Siemers)

Huertas Konterrevolution aber vereinigte die zerstrittenen Konstitutionalisten. Militärisch war die Bundesarmee durch ihre Abhängigkeit von unwilligen Rekruten geschwächt und dadurch unfähig, die Armee Obregóns daran zu hindern, vom Nordwesten her die pazifische Küste hinaufzuziehen. Huertas einzige Hoffnung auf Rettung ruhte auf Washington. Aber im Jahre 1914 war Woodrow Wilson Präsident geworden. Huerta passte nicht in Wilsons Plan, Lateinamerika seine Vorstellung von Demokratie aufzuzwingen. In einem der peinlicheren Momente in der Geschichte des US-Interventionismus ließ Washington im Bemühen, Waffenlieferungen an Huerta zu unterbinden, Marine-Infanteristen in Veracruz landen und erreichte damit fast, dass sich sämtliche Kriegsparteien gegen die Vereinigten Staaten verbündeten. Nachdem er die Unterstützung der USA verloren hatte, floh der trunksüchtige Huerta aus Mexiko und starb 2 Jahre später in einem texanischen Gefängnis an Leberzirrhose. Huertas Flucht erneuerte die Rivalitäten zwischen den vier revolutionären Generälen. Der weißbärtige patrizische Carranza kam als erster in der Hauptstadt an und lud Obregón, Zapata und Villa zu einem »souveränen revolutionären Konvent« ein, um festzulegen, wer von ihnen herrschen sollte. Aber Zapata und Villa, die radikalsten der Caudillos, vereinigten ihre Kräfte und riefen ihren eigenen Interimspräsidenten aus. Carranza floh ostwärts nach Veracruz, wo er bald von Obregón Gesellschaft bekam. Im Dezember 1914 hatten die Bauernarmeen von Villa und Zapata einen triumphalen Einmarsch in die Hauptstadt und besetzten den Nationalpalast. Das Treffen der zwei Revolutionsgenerale in Xochimilco markierte den Höhepunkt der mexikanischen Revolution. Sowohl Zapata als auch Villa waren Regionalisten ohne Interesse an den Staatsgeschäften, und beide begaben sich ziemlich bald wieder in ihre Heimatgebiete. Zurück blieb eine schutzlose Hauptstadt. Derweil stürmte Obregón von der Ostküste heran und erzwang zwei für Villa katastrophale Konfrontationen. Diese ereigneten sich im April 1915 in Celaya, Guanajuato, und kosteten Villa die Hälfte seiner Truppen. Alles, was Obregón verlor, war sein rechter Arm. Abgesehen von gelegentlichen Guerilla-Abenteuern, wie sein Überfall auf die Stadt Columbus in New Mexico im Jahr 1916, spielte Villa nie wieder eine Rolle in den Machtkämpfen, durch die die Revolution aufgezehrt wurde.

Die Neutralisierung Villas erlaubte Carranza, seine Aufmerksamkeit auf Zapata zu richten. Aber der charismatische Bauernführer entzog sich seinen Verfolgern bis zum 10. April 1919, als er mit einem vermeintlichen Waffendeal auf eine chinamekische Hacienda im Süden von Morelos gelockt und von Truppen der Bundesarmee erschossen wurde.

Jahrelange Skrupellosigkeit machte Carranza zum unumstrittenen Sieger. Im Jahre 1917 hatte er seine Macht konsolidiert und verabschiedete eines der bestklingenden Grundgesetze der Welt. Die neue Verfassung, die bis heute Gültigkeit hat, verspricht kostenlose Schulbildung, Streikrecht und einen 8-Stunden-Arbeitstag. Artikel 27, der die Landreform behandelt, ist ein Denkmal für Zapatas Beitrag zur Revolution und schreibt die Enteignung und Übergabe von Hacienda-Land an die landlose Dorfbevölkerung vor. Obwohl fortschrittlich auf dem Papier, wurde die mexikanische Verfassung in der Praxis fast unmittelbar nach ihrem Inkrafttreten gebrochen. Im Jahr 1924 waren nur 3,5% des Hacienda-Landes umverteilt worden, und das meiste davon hatten sich die siegreichen Generale angeeignet.

Carranza zögerte, aus dem Amt zu gehen. Nachdem er sich 1920 einverstanden erklärt hatte, die Macht an Obregón abzugeben, versuchte er, den Sitz seiner Regierung nach Veracruz zu verlegen. Dafür lud er die nationale Goldreserve auf seinen privaten Zug und wurde in diesem Zusammenhang von Obregón-Loyalisten erschossen.

Mindestens eine, vielleicht zwei Millionen Mexikaner starben oder verließen das Land zwischen 1910 und 1920. Ein Opfer, das dem vom Fall von Tenochtitláns und dem des Unabhängigkeitskrieges gleichkam. Eine Hungersnot tötete Zehntausende im Jahr 1915 und ebenso viele starben 1917 während einer Grippeepidemie. Die nationale Industrieproduktion war lahm gelegt, und die Äcker im ganzen Land lagen brach. Ein weiteres Mal bezahlte die arme indigene und mestizische Bevölkerung den höchsten Preis, und das Sterben hatte noch kein Ende.

Erschöpft und stumm folgte die Nation dem Diktat von Obregón, mit dem er Mexiko drei Jahre lang durch eine Periode führte, die unter dem Begriff »Die Rekonstruktion« bekannt ist. Als der einarmige General jedoch 1923 versuchte, die Macht an einen befreundeten Offizier aus Sonora, Plutarco Elías Calles, zu übergeben, erhoben sich seine Feinde im Norden und die missglückte Revolte kostete über 7.000 weitere Menschenleben.

Plutarco Calles missfiel die katholische Kirche, und er schloss Klöster sowie von der Kirche betriebene Schulen, verstaatlichte das kirchliche Grundeigentum und zwang Priester und Nonnen zum Tragen einer speziellen Kleidung. Als Folge dieser Politik erhoben sich in Bajío zwischen 1926 und 1929 die Cristero-Guerillas gegen die Revolutionsarmee. Vermutlich 30.000 Menschen verloren bei diesen Kämpfen ihr Leben.

Doch zu einer Revolution gehört auch das, was nach den großen Schlachten kommt. Sowohl Obregón als auch Calles verpflichteten Künstler wie Diego Rivera, die von revolutionärer Leidenschaft erfüllt waren und das brudermörderische Blutvergießen in heroischen Wandgemälden monumentalisierten. Bilder, die noch heute die mexikanische Revolution verewigen. Von allen Künstlern, die die Revolution hervorbrachte, war vielleicht José Guadalupe Posada (gest. 1914) - ein politischer Karikaturist, der grotesk grinsende *Calaveras* (Schädel) zeichnete - derjenige, der die wahre Natur des Gemetzels am besten ausdrückte.

Obwohl das Echo der mexikanischen Revolution in der gesamten Hemisphäre zu hören war und seine Märtyrer zu den Märtyrern für beide amerikanischen Kontinente wurden, zerbrechen sich die Mexikaner noch heute den Kopf darüber, ob ihre Revolution wirklich die Jahre der Zerstörung wert war, die das Land überstehen musste.

Die Gesellschaft

Die Institutionalisierung der Revolution

In einer Diskussion im mexikanischen Fernsehen im Jahr 1991 charakterisierte der peruanische Schriftsteller Mario Vargas Llosa die Regierung seines Gastgebers als die »perfekte Diktatur« und die seit ewigen Zeiten herrschende Partei der institutionalisierten Revolution (PRI) als »das Neidobjekt der lateinamerikanischen Diktatoren«. Die PRI »vermittelt den Anschein von Demokratie, aber sie unterdrückt mit allen Mitteln, selbst den schlimmsten, jeden Kritiker, wann immer ihr Verbleib an der Macht in Frage gestellt wird«. Nach der Sendung wurde Vargas Llosa von den Behörden aufgefordert, Mexiko-Stadt am darauf folgenden Morgen zu verlassen.

Die Institutionalisierung der mexikanischen Revolution begann mit Plutarco Elías Calles (1928-33). In Anbetracht von über 300 regionalen politischen Parteien, die meisten angeführt von lokalen Caudillos, deren Interessen mehr jenen gedungener Söldner glichen, als dass sie ideologischer Natur waren, forderte Calles die Schaffung einer nationalen Partei, um weiteren sektiererischen Gemetzeln vorzubeugen. Die im Jahr 1929 gegründete Partei der Nationalen Revolution, die PRN, war mehr ein Instrument für die Herrschaft des »Obersten Chefs«, wie sich Calles selbst bezeichnete, denn eine demokratische Organisation, die die Ansichten ihrer Mitglieder zum Ausdruck brachte. Nach seiner Amtszeit versuchte Calles, der Nation seinen Willen aufzuzwingen, indem er nacheinander drei Marionetten-Präsidenten installierte. Der erste wurde durch eine Revolte aus dem Amt gejagt, der zweite trat zurück und der dritte - Calles' letzte Wahl - Lázaro Cárdenas, ein junger Revolutionsgeneral und Gouverneur von Michoacán, bedeutete das Ende für den »Obersten Chef«. Cárdenas schickte den alternden Despoten, eine Ausgabe von *Mein Kampf* unter dem Arm, ins Exil.

Calles schuf die Institutionen des Staates auf den Trümmern der Revolution. Im Jahr 1925 gründete er die Zentralbank (die Bank von Mexiko), die Universität wurde autonom (1929) und der Bildungsminister, José Vasconcelos, baute ein Bildungssystem auf. Aber es ist Cárdenas, dem anzurechnen (und anzulasten) ist, die Revolution in permanente Strukturen transformiert zu haben.

Bei seinen unermüdlichen Reisen durch die Bundesstaaten hörte er stundenlang den ärmsten unter seinen Wählern zu und widmete seine Präsidentschaft der Umwandlung rhetorischer Versprechen in bleibende Taten. Obwohl auch Mexiko von der Weltwirtschaftskrise betroffen war, durch die es zwei Drittel der Exporteinkünfte einbüßte, verschob Cárdenas Ressourcen und Prioritäten mit einem Engagement in Richtung Unterschichten, wie es in der mexikanischen Politik selten gesehen wurde. Über 3,2 Millionen Hektar von Hacienda- und Regierungsland wurde an landlose Bauern verteilt –

Lázaro Cárdenas vor der Radioansprache. (Foto: Archiv Marta Durán)

dreimal soviel wie durch seine Vorgänger zusammen genommen. Auch wurden ländliche Kreditbanken und die nationale Bauernorganisation geschaffen. Trotz einer Rekordzahl von Streiks lehnte Cárdenas es ab, sich einzumischen und argumentierte, dass die Arbeiter nur danach trachten würden, ein besseres Gleichgewicht zwischen Arbeitnehmern und Arbeitgebern zu schaffen.

1938 wandelte General Cárdenas, der sich großer öffentlicher Zustimmung erfreute, die PRN in die Partei der mexikanischen Revolution (PRM) um und bezog die Kleinbauern, die jetzt im Nationalen Bauernverband (CNC) organisiert waren, sowie den mexikanischen Gewerkschaftsbund (CTM) mit in die Partei ein. Andere Sektoren, die der PRM einverleibt wurden, waren ›Volksorganisationen‹, die die dünne Mittelschicht sowie Regierungsangestellte und das Militär erfassten.

Angespornt von seiner massiven Popularität griff Cárdenas, ebenfalls 1938, in einen Streik der Ölarbeiter ein und nationalisierte ein Dutzend angloamerikanischer Ölfirmen, ein Akt, der den General mit sofortiger Wirkung in einen lateinamerikanischen Helden verwandelte. Das Gefühl nationalen Stolzes, das durch die Enteignung hervorgerufen wurde, schweißte die Nation und die neue Partei zusammen. Reiche und Arme standen vor dem Bellas Artes Institut Schlange, um den Staatsschatz aufzufüllen, der unter dem Druck eines internationalen Boykotts in Vergeltung für Cárdenas mutigen Streich litt: Die Reichen spendeten ihre Juwelen, die Campesinos ihre Hühner.

Im Bereich der internationalen Politik öffnete Cárdenas die Türen von Mexiko sowohl für die spanischen Republikaner, die nach Francos Putsch fliehen mussten, als auch für die europäischen Juden auf der Flucht vor dem Naziregime, eine Asylpolitik, die von Mexiko für Jahrzehnte weiter betrieben wurde. Das Colegio México, heute eine der angesehensten Universitäten des Landes, wurde von Exil-Spaniern gegründet. Bis in die 90er Jahre bot Mexiko-Stadt Unterschlupf für Linke, die Schutz vor den rechten Militärdiktaturen des gesamten Kontinents suchten - den jungen Fidel Castro eingeschlossen. Als einziges Land der gesamten Hemisphäre unterhielt Mexiko, trotz des Drucks seitens der Vereinigten Staaten, über die gesamte Zeit freundschaftliche Beziehungen zu Castros Kuba. Heute jedoch, wo die Militärdiktaturen in ganz Lateinamerika verschwunden sind, kommen hauptsächlich Studenten nach Mexiko, um an seinen Universitäten, die sich eines guten Rufes erfreuen, zu studieren.

Cárdenas handverlesener Nachfolger, General Manuel Avila Camacho, war sein versöhnlichstes Kabinettsmitglied. Als Präsident zu Kriegszeiten setzte Avila Camacho ein Programm der nationalen Einheit durch, das in scharfem Kontrast zu Cárdenas Toleranz gegenüber sozialen Auseinandersetzungen stand.

Der Bedarf der USA an Naturressourcen und Arbeitskräften aus Mexiko verbesserte die Beziehungen mit dem Norden, die unter der Enteignung der US-amerikanischen Ölfirmen gelitten hatten. Der 2. Weltkrieg beschleunigte zugleich Mexikos Industrialisierung und machte die Mitglieder der »revolutionären Familie« - die siegreichen Generäle der mexikanischen Revolution - zu Industriellen und Unternehmern.

Präsident Miguel Alemán (1946-52) war das erste Staatsoberhaupt, das nicht direkt an der Revolution teilgenommen hatte. Alemán begann, die Staatspartei zu reformieren und benannte sie in die Partei der institutionalisierten Revolution (PRI) um. Dabei eliminierte er das Militär als Sektor der korporativen Struktur. Weniger als 10 Jahre nach dem Ausscheiden von Cárdenas veränderte Alemán die Politik des Staates dahingehend, dass sie nicht mehr den Bedürfnissen der am meisten benachteiligten Sektoren diente, sondern der Schaffung von Reichtum, den, so prophezeite er, eines Tages alle Mexikaner teilen würden. Obwohl nicht offizieller Teil der korporativen Struktur der PRI, diktierte der private Sektor die Wirtschaftspolitik. Der Artikel 27 der Verfassung wurde ergänzt, um den Großgrundbesitzern Schlupflöcher zur Wiederherstellung ihrer riesigen Latifundien zu schaffen. Ausländische Investoren wurden inbrünstig hofiert, als Harry Truman, der erste US-Präsident, der mexikanischen Boden betrat, von Alemán begrüßte wurde. Unter Alemán und seinen Nachfolgern, Adolfo Ruiz Cortines (1952-58), Adolfo López Mateos (1958-64) und Gustavo Díaz Ordaz (1964-70) konnte die mexikanische Wirtschaft auf ein 6%iges jährliches Wachstum verweisen, aber der Gewinn dieser ›Wunderjahre‹ wurde auf den Bankkonten einer Minderheit gehortet: 10% der Mexikaner besaßen 50% des verfügbaren Reichtums.

Die PRI: Grenzen der Langlebigkeit

In ihrer Blütezeit wurde die Partei der institutionalisierten Revolution (PRI) oftmals mit so dauerhaften politischen Institutionen verglichen wie der früheren kommunistischen Partei der Sowjetunion, den japanischen Liberaldemokraten, der indischen Kongress-Partei oder selbst mit der demokratischen Maschinerie von Richard Daley, dem Bürgermeister von Chicago. Sie belohnte ihre Gefolgsleute und bestrafte alle, die sich weigerten mitzuspielen.

Der Präsident des Landes - der zugleich der eigentliche Führer der PRI war - hatte faktisch eine imperiale Macht in einem System, in dem Legislative, Gerichtsbarkeit und Massenmedien im Dienst der herrschenden Partei standen. Von seinem Büro wurden Gesetze und Verfassungsänderungen entworfen, die anschließend der PRI-dominierte Kongress abnickte.

Der herausragende Status der mexikanischen Präsidentschaft erinnerte an die Gestalt des Tlatoani - die Macht hinter dem aztekischen Thron. Die einzige Beschränkung der präsidialen Macht war die auf 6 Jahre begrenzte Amtszeit, das *Sexenio*, die auf Maderos Schlachtruf beim Wahlkampf von 1910 gegen Díaz zurückgeht: »Tatsächliches Stimmrecht - keine Wiederwahl!«

Am Ende ihrer Amtszeit hatten die Präsidenten jedoch die Möglichkeit, ihre Nachfolger in einem geheimen Ritual auszuwählen, das unter dem Begriff *Dedazo* (der große Fingerzeig) bekannt ist, so dass das nächste Staatsoberhaupt, wenn es im Amt war, die Politik seines Vorgängers fortsetzen konnte - ein Mechanismus, der selten funktioniert hat. Tatsächlich hatte der *Dedazo* eine in wachsendem Maße spaltende Wirkung auf die Partei, so dass 1987 eine Gruppe prominenter Dissidenten die PRI verließ, weil sie mit Carlos Salinas de Gortari als Präsidentschaftskandidaten nicht einverstanden war.

Im Zenit ihrer Macht entschied die PRI über jeden Aspekt des Lebens, angefangen von der Geschichtsschreibung bis zu den Tagesnachrichten. Die Farben der Partei waren die Farben der mexikanischen Flagge, ein ›Eigentumsrecht‹, das von der Opposition mehrfach angegriffen wurde.

Bis 1985 kontrollierte die PRI, gestützt auf staatlichen Protektionismus und eine absolute Kontrolle der Wahlmaschinerie, sämtliche politischen Ämter, von dem des Präsidenten bis hinunter zur Bundesstaats- und lokalen Ebene - ein Phänomen, das den Namen *Carro completo* (volles Auto) trug. Die Unterstützung Tausender von lokalen *Caudillos* und *Caciques* (Despoten bzw. Bosse) garantierte der PRI eine disziplinierte Machtbasis.

Doch am Ende des 20. Jh. begann die absolute Macht der PRI zu zerbröckeln. Zur Macht gekommen war sie in einem zumeist ländlich geprägten, analphabetischen Mexiko, das für den lautstarken Populismus und die Versprechungen sozialer Gerechtigkeit empfänglich war. Ihre Popularität schwand, als das Land einen mehr urbanen Charakter bekam und der Bildungsstand gewachsen war. Die gereifte Mittelschicht wurde zunehmend unzufriedener mit Korruption, Vetternwirtschaft und ökonomischer Inkompetenz der Partei; und die wachsende Zahl junger Wähler hatte den Mangel an Möglichkeiten und die arrogante realitätsferne Führung des Landes satt. Hinzu kam, dass die Partei aufgrund der neoliberalen Reformen viele der Nebeneinkünfte und fetten Privilegien nicht mehr verteilen konnte, mit denen sie früher ihr Klientel in den PRI-kontrollierten Gewerkschaften und anderen korporativen Gruppen an sich band.

Von außen geriet die PRI durch die zunehmend populärer werdende Mitte-Rechts-Partei der Nationalen Aktion (PAN) im Norden sowie die Mitte-Links-Partei der Demokratischen Revolution (PRD) im Süden und in Zentralmexiko unter Druck. Auch durch die Fraktionsstreitigkeiten innerhalb der PRI, die 1994 in der Ermordung sowohl des PRI-Präsidentschaftskandidaten als auch des Generalsekretärs der Partei gipfelten, fiel der Stimmenanteil für die Präsidentenwahl ständig.

Die moralische Korruption der Partei fand ihren personifizierten Ausdruck in Raul Salinas, dem älteren Bruder des Ex-Präsidenten Carlos Salinas, der 1999 für die Ermordung seines Schwagers, José Francisco Ruiz Massieu, des Generalsekretärs der PRI, verurteilt wurde. Ferner fand man heraus, dass Salinas 100 Millionen US-Dollar auf einem Schweizer Konto gehortet hatte, Geld, das aus der Zeit stammte, als er Leiter einer Regierungsbehörde war, die das Ernährungsprogramm für die arme Bevölkerung des Landes verwaltete. Diese Gelder wurden von der Schweiz als vermutliche Einkünfte aus dem Drogenhandel konfisziert. Die persönliche Bereicherung während der Amtszeit hat bei den mexikanischen Präsidenten eine lange Tradition.

Weitere Skandale erschütterten die Partei. Der frühere PRI-Tourismus-Minister und Ex-Bürgermeister von Mexiko-Stadt floh aus dem Land, nachdem er beschuldigt wurde, 43 Millionen US-Dollar veruntreut zu haben. Der Gouverneur von Yucatán, der unter dem Verdacht stand, mit Drogenhändlern zusammenzuarbeiten, verschwand, als die Bundespolizei im Begriff war, ihn zu verhaften. An einer hundert Milliarden Dollar teuren Transaktion (etwa $^1/_5$ des Nationaleinkommens), mit der verhindert wurde, dass das mexikanische Bankensystem zusammenbrach, bereicherten sich PRI-Leute und das Finanzkapital in unvorstellbarer Weise.

Die PRI musste auf schmutzige Tricks zurückgreifen, um bei den Präsidentschaftswahlen 1988 an der Macht zu bleiben, als sich für den linken Ex-PRIista, Cuauhtemoc Cárdenas - Sohn des national verehrten Ex-Präsidenten Lázaro Cárdenas -, eine unerwartet hohe Stimmabgabe abzeichnete, so dass es aussah, als wenn er dem Kandidaten der herrschenden Partei, Carlos Salinas, den Rang ablaufen würde. Es wird allgemein angenommen, dass die PRI die Wahl zugunsten von Salinas manipulierte, indem sie während der Stimmauszählung einen mysteriösen Computerzusammenbruch fabrizierte.

Während der Parlamentswahlen im Jahre 1997 verlor die PRI die Kontrolle sowohl über das Bundesparlament als auch über die Regierung von Mexiko-Stadt. Eben jener Cuauhtemoc Cárdenas wurde der erste direkt gewählte Bürgermeister der Hauptstadt.

Im Vorfeld zur Präsidentschaftswahl 2000 versuchte die herrschende Partei verzweifelt, ihr Ansehen wieder aufzupolieren. Präsident Ernesto Zedillo verzichtete sogar auf den gehassten *Dedazo* zur Bestimmung des Präsidentschaftskandidaten der Partei zugunsten eines parteiinternen Wahlverfahrens im US-amerikanischen Stil. Damit sollte ein lähmender interner Kampf um die Nachfolge vermieden und zugleich das demokratische Ansehen der Partei verbessert werden. Innenminister Francisco Labastida Ochoa, ein grauer Karrierebürokrat, der die Unterstützung des Parteiestablishments hatte, war der Gewinner dieser ersten PRI-internen Wahl eines Präsidentschaftskandidaten. In der 8 Monate später stattfindenden Präsidentschaftswahl wurde er zum eindeutigen Verlierer gegenüber Vicente Fox.

Präsidentschaft im US-amerikanischen Stil

Fox erbte das Amt des Präsidenten mit stark reduzierter Macht. Anders als seine Vorgänger aus der PRI kontrolliert seine Partei nicht den Kongress. Auf ihn blicken die Medien, die unabhängig und zynisch sind und sich weder durch ethische Standards noch durch Anti-Verleumdungs-Gesetze, die in Mexiko extrem schwach sind, bremsen lassen.[5] Aggressive, mit der PRI verbundene Gewerkschaften sind nach wie vor die stärkste organisierte Kraft der Arbeitnehmer. Sie haben die Fähigkeit, Millionen von Arbeitern zu mobilisieren und verfolgen Fox' versprochene Freihandelsreformen misstrauisch. Selbst die Rechtsprechung, einst ein willfähriges Werkzeug der früheren Präsidenten, zeigte in den letzten Jahren einen Hang zur Unabhängigkeit.[6]

---

5 Andere Autoren sehen Fox als jemand, »der als Produkt der Mediengesellschaft und der Vermarktungstechnik emporkam«, woraus »folgt, dass politische Rationalität und ihre Vorschläge gegenüber den von den Medien aufgebauten Persönlichkeiten in die zweite Reihe verwiesen wurden.« (zitiert in Boris und Sterr 2002, S. 229). Dabei soll nicht in Abrede gestellt werden, dass sich die ethischen Standards vieler mexikanischer Medien auf dem Niveau von *Bildzeitung*, *Focus* und *Die Welt* befinden.

6 Zahlreiche Ereignisse der letzten Jahre weisen darauf hin, dass sich der ›Hang‹ der Rechtssprechung zur Unabhängigkeit in Grenzen hält. Das zeigt sich u.a. daran, dass die am 19.10.2001 ermordete, bekannte Menschrechtsanwältin Digna Ochoa nach offizieller mexikanischer Lesart ›Selbstmord‹ beging, wodurch sich die Regierung die Konfrontation mit unangenehmen Wahrheiten ersparte. Weitere Belege für den fehlenden ›Hang‹ sind der Fall der *Campesinos Ecologistas* (Rodolfo Montiel und Teodoro Cabrera) sowie des Generals J. F. Gallardo, alles politisch unliebsame Persönlichkeiten, die jahrelang eingekerkert waren und kürzlich zwar freigelassen wurden, denen aber nach wie vor ein faires Gerichtsverfahren zur Feststellung ihrer Unschuld versagt wird.

Fox gewann die Präsidentschaftswahlen mit 42,7% der Stimmen. Aber er ist beliebter als seine Partei der Nationalen Aktion, die nur die zweitstärkste Partei im Kongress ist.

Die PRI behielt die größte Zahl an Sitzen in beiden Kammern des Parlaments, was den Präsidenten und seine Partei dazu zwingt, mit den alten politischen Feinden zusammenzuarbeiten, um Gesetze verabschieden zu können.

Eine Teilung der politischen Macht, ähnlich wie im US-amerikanischen System, ist in der mexikanischen Verfassung seit 1917 vorgeschrieben, war aber unter der PRI stets eine Fiktion. Nun ist sie auf Bundesebene zur Realität geworden. Seit 1997 haben das Abgeordnetenhaus mit seinen 500 Mitgliedern und der 128-köpfige Senat Biss bekommen. Sie lehnen vom Präsidenten vorgelegte Gesetze ab oder ändern sie um, streiten über den Haushalt und debattieren über Themen von nationaler Bedeutung. Kuhhandel, die Kunst des Kompromisses und Konsenssuche, sind Fähigkeiten, die in Mexikos höchster gesetzgebender Institution noch in den Kinderschuhen stekken, aber sie sind im Begriff, Fuß zu fassen.[7]

Eine wichtige Beschränkung für den Präsidenten ist die Verfassung, die - anders als in den USA, in Kanada oder Großbritannien - sehr detailliert ist und rigide Vorschriften über viele Aspekte des Lebens enthält, von der Sozial- und Wohnungspolitik über Religion und Energiepolitik bis zum Gesundheitswesen und einer Menge anderer Bereiche. Die Verfassung wird als utopisches Dokument betrachtet, das keine Beziehung zu der von den Mexikanern täglich erlebten Realität hat; die in ihr festgelegten fundamentalen Rechte und Freiheiten werden in der Praxis größtenteils ignoriert.

Der derzeitige Bewohner von *Los Pinos*, dem Präsidentenpalast, hat deshalb relativ wenig Hebel zur Verfügung, um die von ihm geplanten Gesetze durchzusetzen. Aber Vicente Fox ist ein Staats-

7 Angesichts des Niedergangs der Institutionen der repräsentativen Demokratie auf beiden Seiten des Nordatlantiks - in eindrucksvoller Weise durch Autoren wie Greg Palast (2003) belegt - fragt sich, worauf John Ross mit seinem Optimismus bezüglich des sich entwickelnden Kuhhandels in den gesetzgebenden Institutionen Mexikos abzielt.

oberhaupt, das sehr im US-amerikanischen Stil agiert. Ähnlich wie der frühere US-Präsident Bill Clinton - mit dem er manchmal verglichen wird - ist seine bevorzugte politische Taktik, sich über die Köpfe des Kongresses hinweg direkt an die mexikanischen Wähler zu wenden, indem er seinen Amtssitz als grandiose Kanzel zur Beeinflussung der öffentlichen Meinung einsetzt. Ihm wurde sehr zeitig bewusst, dass in der Periode der demokratischen Politik die wichtigsten Schlachten in den Medien ausgetragen werden.

Präsident Fox ist Mexikos medienbewusstester Politiker. Ein spezielles Büro des Präsidenten führt wöchentlich (manchmal täglich) raffinierte Meinungsumfragen durch, und ein ehemaliger Marketingchef von Proctor & Gamble poliert sein Image. Im Gegensatz zu den zentralistischen Mikromanagement-Instinkten seiner Vorgänger führt Fox die Regierung wie der Chef eines großen Unternehmens, delegiert Verantwortung an seine Kabinettsmitglieder und konzentriert sich darauf, die strategische Richtung vorzugeben. Unklar bleibt, ob er unter den politischen Beschränkungen von Mexikos demokratischem Übergang die enormen Erwartungen erfüllen kann, die er bei der DurchschnittsmexikanerIn hervorgerufen hat. Hinzu kommt, dass es seiner Regierung offenbar an einer Fokussierung auf Schwerpunkte mangelt. Interessanterweise wird Fox auch oft mit Francisco Madero verglichen, dem wohlmeinenden, aber ineffektiven Reformer, der den Sturz der Porfirio-Diaz-Diktatur im Jahre 1910 führte, aber unfähig war, wirksam zu regieren und bald durch einen Staatsstreich entmachtet wurde.

Die politische Opposition in Mexiko

Von Anbeginn gab es Dissidenten in der mexikanischen Revolution, die zur Tyrannei des institutionellen revolutionären Staates in Opposition standen. Die 1919 gegründete Kommunistische Partei Mexikos griff zusammen mit anderen marxistischen und anarchistischen Strömungen, die sich um das *Casa del Obrero Mundial* (Haus der Arbeiter der Welt) gruppierten, den konservativen Calles und die nachfolgenden, von ihm eingesetzten Marionetten an. Die Kommunisten publizierten ihre kämpferische Zeitung *Machete* und zogen militante Feministinnen wie Benita Galeana und Künstler wie Diego Rivera und Tina Modotti an.

Obwohl die sozialistische Opposition durch Cárdenas' linksorientierte Politik der 30er Jahre neutralisiert wurde, hatte sie die Gewerkschaftsbewegung bis 1941 fest im Griff. Dann wurde der marxistische CTM-Führer Vicente Lombardo Toledano von Fidel Velázquez abgelöst, einem ehemaligen Molkereiarbeiter aus dem Teilstaat Mexiko. Der Eisenbahnerstreik von 1957 und die nachfolgenden Mobilisierungen der Lehrer und Ärzte wurden von den Kommunisten geführt. Die kubanische Revolution fachte den Widerstand gegen die »perfekte Diktatur« der PRI weiter an - die Entwicklung, die mit dem Massaker von Tlatelolco endete, begann mit einer Demonstration am 26. Juli 1968 anlässlich des 15. Jahrestages des Beginns der von Fidel Castro geführten Revolution.

Für viele Mexikaner zeigte die herrschende PRI am 2. Oktober 1968 erstmals ihr wahres Gesicht, als Armee und Polizei ein Massaker unter streikenden Studenten auf dem Platz von Tlatelolco in einem Wohngebiet der Mittelschicht anrichtete. Vieles ist noch unbekannt über diesen dramatischen Moment der modernen mexikanischen Geschichte: Wie viele Opfer es gegeben hat (nach besten Schätzungen 337), wo die Leichen vergraben sind, wer für die Erteilung des Schießbefehls verantwortlich war, sowie die Namen der Schützen. Niemand ist bis jetzt jemals zur Verantwortung gezogen worden und die Unterlagen zu diesem Ereignis sind fest unter Verschluss.

Tlatelolco symbolisiert eine Generation junger Mexikaner, die eine Tradition von politischem Protest und Militanz begannen, von der auch während eines jüngeren Ereignisses noch viel erhalten war - dem Studentenstreik von 1999 an der Autonomen Universität von Mexiko (UNAM), Lateinamerikas größter Universität. Der Versuch, die Studiengebühren an offiziellen Bildungseinrichtungen zu erhöhen, führte zur Besetzung der Universitätsgebäude durch radikale Studenten und zu einer nahezu vollständigen Schließung der Universität für 292 Tage. Schließlich wurde der Streik durch die Polizei friedlich aufgelöst (friedlich, gemessen am Massaker von Tlatelolco - Anm. d. Übs).

Radikale Opposition gab es nicht nur links von der PRI. Die faschistische Sinarquista-Bewegung im Bajío war ein Ableger der

Cristero-Rebellion. Die Sinarquistas schickten ihre »Schwarzhemden« auf die Straßen und unterstützten Hitlerdeutschland, reorganisierten sich aber nach dem Krieg als die rechtsextreme Partei, die Demokratische Partei von Mexiko (PDM). Fortan warben sie um Wählerstimmen anstelle des früheren konfrontativen Kurses.

Selten jedoch setzte die PRI die plumpe Waffe der offenen Unterdrückung gegen ihre Rivalen ein, sondern bevorzugte subtilere Methoden, die »samtweiche Repression« genannt. Mexikaner erzählen gern die Geschichte des ehemaligen Präsidenten Luis Echeverría, der während eines Besuches der Sowjetunion in den frühen 70er Jahren mit Leonid Breshnew Erfahrungen darüber austauschte, wie man einen Ein-Parteien-Staat regiert. Der Überlieferung nach drückte Breshnew seine Bewunderung für die spezielle Art aus, mit der die PRI ihre autoritäre Herrschaft auf weiche Art ausübte. Von Echeverría wird gesagt, er hätte erwidert: »Der einzige Unterschied zwischen unseren zwei Systemen besteht darin, dass, wenn ihr ein Problem habt (mit einer speziellen Gruppe von Menschen), subtrahiert ihr, wenn wir ein Problem haben, addieren wir.«

Was er meinte war, dass Mexikos herrschende Elite es bevorzugte, ihre Feinde einzukaufen, statt sie zu vernichten, so wie man es in der Sowjetunion zu tun pflegte. Kritischen Schriftstellern, Intellektuellen und Künstlern wurden Stipendien für Studien im Ausland, der Kauf von Gemälden, Preise, Ausstellungen und Publikationsverträge angeboten - Komponenten eines ›kulturellen Sozialstaates‹, der der umfassendste und großzügigste in ganz Lateinamerika war. Als Gegenleistung wurde von den Betreffenden erwartet, dass sie sich positiv zu den Bemühungen äußerten, die die herrschende Partei unternahm, um einen Nationalstaat aufzubauen. Diese Politik führte gelegentlich zu merkwürdigen Ergebnissen, so wie in den späten 90er Jahren, als viele linke Akademiker pro-zapatistische Texte veröffentlichten und dafür von der Regierung finanziell unterstützt wurden.

Der Erfolg der PRI bei der Einverleibung seiner Kritiker, die Ausdehnung ihres korporativen Netzwerkes in jede Sphäre der Gesellschaft und ihre Fähigkeit, durch die Machtrotation alle 6 Jahre den Parteifrieden zu erhalten, bedeutete, dass Mexiko größtenteils die politische Instabilität erspart blieb, von der andere lateinamerikanische Länder in den 60er und 70er Jahren geplagt waren. Die feste Freundschaft Mexikos mit Kuba unter Fidel Castros führte dazu, dass die linken mexikanischen Guerilla-Gruppen keine kubanische Unterstützung erhielten und somit Schwierigkeiten hatten, an Bedeutung zu gewinnen.

Obwohl der Guerilla-Kampf in Mexiko eine lange Tradition hat, die von den Chichimecas über Hidalgo und Juárez bis zu Villa und Zapata reicht, waren die bewaffneten Gruppen, die sich in Mexiko in den vergangenen Jahrzehnten erhoben, klein und militärisch schwach, und es war für die Armee ein Leichtes, sie zu zerstören. Zum Beispiel bildeten sich nach dem Massaker von Tlatelolco im Süden und Norden des Landes insgesamt 15 bewaffnete *focos* (Gruppen). Trotzdem markierte der Überfall der Armee auf den Dorflehrer Lucio Cabañas und die Kämpfer seiner »Partei der Armen« in Guerrero im Jahre 1974 den Schlusspunkt für linke bewaffnete Erhebungen in jenem Jahrzehnt.

Eine Gruppe, die sich die »Revolutionäre Armee der aufständischen Völker« (ERPI) nennt, ist eine von einer Handvoll winziger bewaffneter Bewegungen, die es noch heute in armen, von Gewalt heimgesuchten Staaten wie Guerrero gibt. Der Beginn einer pluralistischen Demokratie in Mexiko kratzt an der Legitimation bewaffneter Revolten und macht ihre Unterstützung durch die Bevölkerung noch weniger wahrscheinlich.[8]

---

8 Inzwischen ist der Lack von der vermeintlichen pluralistischen Demokratie der Ära Fox so weit abgeplatzt, dass sie zumindest nicht mehr zur ›Delegitimation‹ bewaffneter Revolten taugen dürfte. Hinzu kommt, dass sich bewaffneter Widerstand in Mexiko, ähnlich wie in den Ländern Mittelamerikas nicht als ›linke Laune‹ formierte, sondern immer ein letztes verzweifeltes Mittel war, nachdem unzählige Versuche, soziale Gerechtigkeit auf gewaltfreiem Wege zu erreichen, fehlschlugen. Bundesstaaten wie Guerrero blieb selbst eine Partizipation an dem auf Bundesebene inszenierten Medienspektakel ›Pluralistische Demokratie‹ versagt. Die meisten Municipios sind fest in der Hand der Kaziken und die gewaltsame Repression der Landbevölkerung ist nach wie vor an der Tagesordnung.

Mit dem am Neujahrstag 1994 begonnenen Aufstand der Zapatistischen Armee der Nationalen Befreiung (EZLN) verhält es sich jedoch anders. Er begann zwar als bewaffnete Erhebung - die Kämpfe dauerten 12 Tage und kosteten schätzungsweise 145 Menschenleben - doch anschließend wurde ein Waffenstillstand vereinbart, der bis zum heutigen Tage Gültigkeit hat. Den Zapatisten wurde schnell klar, dass ihr Talent, mit den Medien umzugehen, ihnen mehr Einfluss bot als ihr schwaches militärisches Potential. Die Rebellen nutzten das Internet - und die kommunikativen Fähigkeiten ihres telegenen Anführers, Subcomandante Marcos -, um sich selbst in eine globale Bewegung, den ersten postmodernen Aufstand der Welt zu transformieren, und konnten so ihre Agenda der indigenen Rechte viel stärker zu Gehör bringen, als es jemals für eine rein militärische Gruppe möglich gewesen wäre. Ein permanentes Kontingent von MitarbeiterInnen ausländischer Nichtregierungsorganisationen, Antiglobalisierungsaktivistlnnen und radikalen Linken aus Europa und Nordamerika siedelte sich im zapatistischen Hauptquartier von La Realidad im

Die maskierte Opposition beim Fototermin (Zapatistas in Chiapas).
(Foto: Luz Kerkeling)

Lacandónischen Urwald an und bildete ein weitaus effektiveres Schutzschild gegen die mexikanische Armee als eine gepanzerte Division.

Unter Präsident Ernesto Zedillo handelte eine Kommission des mexikanischen Kongresses mit den Rebellen einen (ersten) Friedensvertrag aus - das Abkommen von San Andrés. Dieses Abkommen hätte der indigenen Bevölkerung eine umfangreiche kulturelle und politische Autonomie, eigene Gerichtsbarkeit und die Kontrolle über Land und Naturreichtümer gewährt. Aber die Regierung Zedillo lehnte es ab, dieses Abkommen dem Parlament zur Ratifizierung vorzulegen (obwohl es von Regierungsvertretern unterschrieben worden war - Anm.d.Ü.). Stattdessen widmete sich die Regierung still-

Ziviler indigener Widerstand gegen militärische Gewalt.
(Foto: Luz Kerkeling)

schweigend einer Politik, die darauf gerichtet war, die Rebellen zu isolieren und zu ignorieren. Während des überwiegenden Teils von Zedillos *Sexenio* fristeten die Rebellen ihr Dasein in ihren Hochburgen im Urwald, während die öffentliche Unterstützung für sie nach und nach geringer wurde.

Der Amtsantritt von Vicente Fox eröffnete neue Möglichkeiten für die Zapatistas. Präsident Fox widmete sich (scheinbar - Anm.d.Ü.) dem Anliegen der Rebellen und übergab dem Kongress sehr bald das ursprüngliche Abkommen von San Andrés in Form eines umfassenden Gesetzes über indigene Rechte. Im Gegenzug begaben sich die Zapatistas auf eine 2-wöchige Bustour durch große Teile von Mexiko, die in einem beispiellosen Auftritt der Rebellenführer vor dem mexikanischen Kongress kulminierte, mit dem Ziel, eine schnelle Verabschiedung des Gesetzes zu erreichen. Die Tour war ein Erfolg und gewann nicht nur eine breite öffentliche Sympathie für das Anliegen der indigenen Bevölkerung, sondern schuf auch die Grundlage dafür, die zapatistische Bewegung mit Hilfe des Nationalen Indigenen Kongresses zu einer mexikoweiten politischen Bewegung auszudehnen.

Der Kongress bewilligte schließlich eine verstümmelte Version des Gesetzes, in dem Autonomie und nationale Souveränität, kollektive und individuelle Rechte gegeneinander ausbalanciert werden. Obwohl von den Zapatistas kritisiert, bietet es die Möglichkeit, dass die mexikanischen Ureinwohner zumindest einen gewissen Bezugspunkt für die kulturelle und politische Autonomie und legale Anerkennung bekommen könnten, nach der sie immer getrachtet haben.[9]

9 Die verstümmelte Version des *Ley Indigena* wurde nicht nur von den Zapatistas kritisiert. Über 300 Gemeinderäte sowie zahlreiche mexikanische Menschenrechts- und Indigena-Organisationen legten beim obersten Gerichtshof Mexikos im Jahr 2001 Klage gegen das Gesetz in der verabschiedeten Version ein - ein Indiz dafür, dass die Brosamen an kultureller und politischer Autonomie, die das Gesetz verspricht, allgemein als ungenügend empfunden wurden. Die Klagen wurden schließlich im September 2002, nach über einjähriger Bedenkzeit, von dem Obersten Gerichtshof abgewiesen, der sich für nicht zuständig erklärte. Damit waren sämtliche legalen Mittel ausgeschöpft, um den Indigenas zu mehr Recht zu verhelfen.

Die Zapatistas brachten die Misere der mexikanischen Indigenas auf die nationale Tagesordnung und erzwangen eine Debatte über Themen, die lange Zeit unter den Teppich gekehrt wurden. Aber der Führer und Sprecher der Rebellen, Subcomandante Marcos, bleibt eine widersprüchliche Gestalt in der mexikanischen Politik, an der sich die Geister scheiden. Der Mann hinter der Skimaske ist seit langem als Universitätsdozent aus der weißen Mittelschicht identifiziert, der mit bürgerlichem Namen Rafael Sebastián Guillén Vicente heißt. Selbst Mexikaner, die Sympathien für das Anliegen der Indigenas hegen, sind Marcos gegenüber misstrauisch - wegen des Personenkults, den er unter seinen Anhängern gefördert hat, wegen seiner marxistischen Ansichten, seiner Sucht nach Publizität und seiner Verachtung für die repräsentative Demokratie. Auch können die Rebellen sich nicht eines gediegenen Respekts für die Menschenrechte rühmen. Den Indigenas, die in den autonomen Gemeinden unter der Kontrolle der Zapatistas leben, werden grundlegende bürgerliche Rechte und Freiheiten versagt. Vertreibungen von nichtzapatistischen Bewohnern aus Gebieten, die von den Rebellen kontrolliert werden, waren in der Vergangenheit nicht unüblich. Auch der Einsatz von Minderjährigen als Soldaten hat das Ansehen der Rebellen befleckt.[10]

---

10 Dies ist ein interessanter und kontroverser Punkt, denn die Frage ergibt sich, von wem die Grenze zwischen minderjährig und volljährig festlegt wird und nach welchen Kriterien diese Festlegung erfolgt. Isoliert in einem Nebensatz weckt der Bezug auf Minderjährige schnell Reminiszenzen an zwangsrekrutierte Kindersoldaten in Afrika. Die Frage, die sich jedoch stellt - und sie ist nicht neu, denn die Problematik taucht in der Geschichte der lateinamerikanischen Guerillabewegungen immer wieder auf - ist, ob Sechzehn- oder Siebzehnjährige, die gezwungen sind unter unwürdigen Bedingungen zum Lebensunterhalt ihrer Familien beizutragen, nicht auch das Recht haben, notfalls bewaffnet für eine bessere soziale Zukunft zu kämpfen.

Die politischen Parteien

Im Wahlgeschehen kam die Opposition von beiden Seiten des politischen Spektrums. Als Antwort auf die angeblich bolschewistische Politik von Cárdenas gründeten katholische Bankiers im Jahre 1939 die Partei der Nationalen Aktion (PAN). Die PAN errang ihre ersten Abgeordnetenplätze in den 40er Jahren und war in den Städten und Dörfern der Provinz die einzige Opposition für die PRI. Nach der Nationalisierung des Bankensystems durch López Portillo im Jahre 1982 gelang es der PAN, eine Reihe konservativer PRI-Geschäftsleute zum Übertritt zu bewegen, und im darauf folgenden Jahr hatte die PAN eine Reihe von Siegen bei den Kommunalwahlen im Norden zu verzeichnen. Die Neurekrutierten, wie z.B. Manuel Clothier, der Vorsitzende der konservativsten Handelskammer des Landes und spätere Präsidentschaftskandidat, wurden als Neo-PANistas bezeichnet, und ihr konfrontativer Stil rüttelte die gesetzte Mittelstandspartei auf.

Die umstrittene Wahl des Gouverneurs von Chihuahua im Jahre 1985 veranlasste die PANistas zu Straßenkrawallen, und die katholischen Bischöfe wollten die Messe erst wieder lesen, wenn die Wahlfälschungen bereinigt waren.

Drei Jahre später gingen die PRI und die PAN eine Vernunftehe ein, die darauf abzielte, die mächtige Mitte-Links-Koalition von Cárdenas zu isolieren und den plötzlichen Pluralismus in der mexikanischen Politik auf einen Zwei-Parteien-Konsens zu reduzieren. 1989 hatte die PAN ihren ersten Gouverneur (in Baja California Norte). Gegen Ende 1995 hatte sie 4 Gouverneursposten in Beschlag und regierte ein Drittel der Bevölkerung. Am 2. Juli 2000 gewann sie die Präsidentschaft.

Bei vielen Mexikanern hat die PAN das Image einer Partei von prüden Kirchgängern und konservativen Geschäftsleuten. In Staaten und Städten, wo sie regiert, findet die Prüderie der Partei ihren Ausdruck darin, dass sie versucht, BH-Reklame auf Werbetafeln zu zensieren, Frauen, die auf der Arbeit kurze Röcke tragen, zu bestrafen und eine populäre Männer-Strip-Show zu verbieten. Den Großteil ihrer 62-jährigen Geschichte blieb die Partei mehr oder weniger von

Skandalen verschont, hauptsächlich, weil nur sehr wenige ihrer Politiker Machtpositionen innehatten. Das ist im Begriff, sich zu verändern.

Obwohl Präsident Vicente Fox Mitglied der PAN ist, ist er Außenseiter in seiner eigenen Partei - ein Einzelgänger in Cowboystiefeln und angerauhten Baumwollhemden, der seine Kampagne für die Präsidentschaft 2 Jahre vor den Wahlen begann und sich der Partei durch seine machtvolle Medienpräsenz und sein überdimensioniertes Erscheinungsbild aufzwang. Fox, der seine eigene unabhängige Wahlkampfmaschine installierte, schuldete der PAN ziemlich wenig, als er das Amt übernahm.[11] Er verteilte relativ wenig Ministerposten an Mitglieder seiner Partei und schuf stattdessen eine Koalitionsregierung, die sich im Wesentlichen aus Geschäftsleuten und Politikern anderer Teile des politischen Spektrums zusammensetzt.

Den überwiegenden Teil der letzten 10 Jahre wurde die linke Seite des parteipolitischen Spektrums von Cuauhtémoc Cárdenas' Bemühungen, die mexikanische Revolution wieder zu beleben, dominiert. Nachdem er 1987 aus der Partei, die sein Vater konsolidiert hatte, ausgeschlossen wurde, gewann er die Unterstützung von winzigen ›Satelliten‹-Parteien mit linkem Anstrich (die ursprünglich von der PRI-Regierung geschaffen wurden, um ein Bild politischen Pluralismus in Mexiko vorzugaukeln). Nach den von massivem Wahlbetrug gekennzeichneten 1988er Präsidentschaftswahlen gründete Cárdenas die Partei der Demokratischen Revolution (PRD), eine Fusion von Ex-PRIstas, die zusammen mit Cárdenas die herrschende Partei verließen, und einem Dutzend verschiedener linker Strömungen (einschließlich der seit längerem nicht mehr existierenden Kommunistischen Partei). Im ersten Jahrzehnt nach ihrer Gründung war die PRD Gegenstand intensiver Verleumdungen durch die PRI und die PAN, war mehrfach Opfer von Wahlbetrug und verlor Hunderte von Mitgliedern durch politische Gewalt.

---

11 Es kann wohl sein, dass Fox seiner Partei wenig schuldig war, dafür aber umso mehr den (vermutlich auch US-amerikanischen) Financiers seiner Wahlkampfmaschine, die demzufolge so unabhängig nicht war.

Aber in den letzten Jahren hat die PRD sogar mehr durch ihre eigenen politischen Fehleinschätzungen und -schritte gelitten. Die parteiinternen Wahlen von 1999 waren durch Klagen über Manipulationen belastet, was der Reputation der Partei als rechtschaffene Institution schadete. Viele Hoffnungsträger verließen die Partei in Verzweiflung über deren Unfähigkeit, sich aus einer fraktionierten Koalition von Oppositionsgruppen in eine kohärente politische Partei zu verwandeln.

Cárdenas Popularität litt unter seiner zweijährigen Amtszeit als Bürgermeister von Mexiko-Stadt, weil sich die Stadtverwaltung als machtlos gegenüber der grassierenden Kriminalität, der Armut und der Misswirtschaft erwies, von denen diese größte Metropole der westlichen Hemisphäre geplagt ist. Der mürrische und uncharismatische Cárdenas, dessen mangelnde politische Fähigkeiten während seiner Amtszeit als Bürgermeister besonders deutlich wurden, war ferner nicht in der Lage, die Verdienste für das, was er tatsächlich erreicht hatte, in Anspruch zu nehmen - nämlich die Reform der korrupten Polizeikräfte, die Bereinigung des Haushalts und die Finanzierung von Bürgerinitiativen zur Unterstützung der Benachteiligten.

Die Wahlen im Jahr 2000 wurden zu einem Desaster für die Partei. Cárdenas, der zum dritten Mal für die Präsidentschaft kandidierte, missdeutete die Stimmung der Wähler und verkündete ein populistisches, gegen Freihandel und Globalisierung gerichtetes Wahlprogramm - in einer Nation, die durch das NAFTA-Abkommen bedeutende Vorteile erfahren hat.[12] Er belegte einen abgeschlagenen 3.

---

12 Es kann wohl sein, dass Cárdenas die Stimmung der Wähler missdeutet hat und sich an dem zur Erlangung eines besseren Wahlergebnisses erforderlichen populistischen Diskurs ungenügend oder ungeschickt beteiligte. Aber dass die ›Nation‹ Mexikos durch das NAFTA-Abkommen bedeutende Vorteile erfahren haben soll, muss John Ross beim ›Update‹ der englischen Originalausgabe von jemand untergejubelt bekommen haben (er selbst hat gegenüber dem Herausgeber der deutschen Ausgabe erklärt, dass er sich die ›aktualisierte‹ englische Neuauflage seines Buches niemals richtig angesehen hätte). Gerade zur Jahres-

Platz mit gerade noch 17% der Stimmen - was seine öffentliche politische Karriere im Alter von 66 Jahren de facto beendete.

Seiner Partei erging es nicht besser. Der Verlust von Abgeordneten-Sitzen reduzierte sie zu einem Torso in beiden Kammern. Sie büßte die Mehrheit im Stadtparlament von Mexiko-City ein und verlor die Kontrolle über die wichtigsten *delegaciónes* (Stadtbezirke).

Der einzige Lichtblick für die PRD war die Tatsache, dass sie das Bürgermeisteramt behielt. Cárdenas offensichtlicher Erbe innerhalb der Partei - Manuel López Obrador, ein aufwieglerischer Populist und früherer Priester aus dem Staat Tabasco - wurde Bürgermeister

---

wende 2003/2004, sind - anlässlich des 10-jährigen Bestehens dieses Abkommens zahlreiche Analyse erschienen, die die katastrophalen Auswirkungen von NAFTA für die Bevölkerung beschreiben und frühere Berichte bestätigten. Interessant ist in diesem Zusammenhang auch eine kürzlich erschienene Studie des Center for Economic & Policy Research, in der die manipulativen Zahlenspiele der Weltbank, mit der vermeintliche NAFTA-Erfolge suggeriert werden sollen, zerpflückt werden (www.cepr.net/publications/NAFTA_at_Ten.pdf). Selbst Staatssekretäre der mexikanischen Regierung wie Ángel Villalobos sprechen bezüglich der NAFTA-Glorifizierung von einem »Diskursexzess«. Die einzigen Nutznießer von NAFTA in Mexiko sind wenige konkurrenzfähige exportorientierte Unternehmen, insbesondere agroindustrielle Komplexe der Gemüseproduktion sowie die - meist ausländischen - Besitzer von Maquiladoras. Die fehlende Nachhaltigkeit der NAFTA- und Maquiladora-Politik wird eindrucksvoll in einem Artikel von David Bacon (2004) beschrieben. Im ersten Jahr führte NAFTA zu einem massiven Verlust an Arbeitplätzen, nämlich mehr als 1 Mio. innerhalb von 12 Monaten. Dies wurde in den folgenden Jahren durch die wachsende Maquiladora-Industrie wieder ausgeglichen (im öffentlichen Diskurs als Erfolg von NAFTA verkauft). Im Jahr 2001 waren schließlich 1,3 Mio. Menschen in 2000 Maquiladoras beschäftigt. Im Zuge der einsetzenden Rezession in den USA im Jahr 2001 sank die Kauflust der US-amerikanischen Verbraucher und 400.000 Arbeitsplätze in der Maquila-Zone gingen innerhalb kurzer Zeit wieder verloren. Diese Abhängigkeiten werden treffend in dem neuen mexikanischen Sprichwort »Wenn die USA einen Schnupfen bekommen, bekommt Mexiko eine Lungenentzündung« beschrieben.

von Mexiko-Stadt. Für die nächsten Präsidentschaftswahlen im Jahre 2006 ist der kampflustige *Tabasqueño* die bedeutendste politische Oppositionsfigur für Fox.

Aber die Partei wird weiterhin von einer profunden Identitätskrise geplagt. Von Cárdenas gegründet, um seinen nahezu messianischen Kreuzzug gegen die PRI zu unterstützen, scheint die PRD jetzt, wo die verhasste herrschende Partei nicht mehr an der Macht ist, die Richtung verloren zu haben. Sie ist zerrissen zwischen militanten Linken, die eine unversöhnliche Feindschaft gegenüber Fox hegen, und moderaten Mitgliedern, die aus der Partei eine moderne sozialdemokratische Bewegung machen wollen, die für Mexikos wachsende Mittelschicht attraktiv sein könnte.

Doch in der Ära der Demokratie scheint die PRD unfähig zu sein, sich eine neue politische Identität zu schaffen.

Auch die Cárdenas-Dynastie lebt weiter. Cárdenas selbst hat hinter den Kulissen Einfluss als Königsmacher der Partei, und sein Sohn, Lázaro Cárdenas II ist bereit, den Gouverneursposten in Michoacán zu erringen, dem Heimatstaat der Familie Cárdenas.

Mexikos neueste Oppositionspartei ist natürlich die PRI. Die verlorene Wahl im Jahr 2000 war für die Partei ein mächtiger Schlag. Die »revolutionäre Familie«, wie die PRI-Elite genannt wurde, hatte niemals eine kohärente Ideologie, durch die sie zusammengehalten wurde. Chamäleonartig wechselte sie je nach Umständen zwischen populistischer Stagnation und globalisierungsgläubigem Freihandel. Macht war der einzige Leim, der die auseinander strebenden Fraktionen und regionalen Barone zusammenhielt, der die in den USA ausgebildete Technokraten unter ein Dach brachte mit den brutalen Politikern alten Stils, die als die »Dinosaurier« bekannt waren.

Ohne Macht begann die Partei zu zerfallen. Sie fing an, die Wahlen in den Bundesstaaten zu verlieren - zuerst in Chiapas, dann in Yucatán, beides frühere Hochburgen der herrschenden Partei. Parteiaustritte dünnten die Reihen der Führungskader aus. Die Macht innerhalb der Partei verschob sich zu den ›regionalen Baronen‹, den Gouverneuren der Bundesstaaten.

Man konnte sich nicht einigen, warum die Partei die Macht verloren hatte. Die Dinosaurier gaben den neoliberalen Reformen und der politischen Öffnung die Schuld, die von den letzten drei PRI-Präsidenten verfolgt wurde, die allesamt Technokraten waren – Miguel de la Madrid, Carlos Salinas und Ernesto Zedillo. Die Gemäßigten erklärten den Niedergang der Partei mit Korruption und Misswirtschaft.

Mit der Regierungsgewalt in 18 von 32 Bundesstaaten Mexikos sowie in Hunderten von Landkreisen und mit der größten Zahl an Sitzen im Parlament ist die Partei noch weit davon entfernt, in der Bedeutungslosigkeit zu versinken. Doch die Suche nach einer neuen Rolle in der politischen Landschaft verläuft nicht glatt. Ruderlos und ohne eine klare Ideologie häufen sich die Prognosen über eine Spaltung der PRI, was zur Schaffung einer neuen politischen Entität führen könnte, bestehend aus dem moderaten Kern der alten Partei.

Unabhängig von der PRD, aber einen Großteil ihrer Unterstützer repräsentierend, existiert das, was unter der mexikanischen ›Zivilgesellschaft‹ verstanden wird. Diese umfasst eine Unzahl von Nichtregierungsorganisationen und schließt alles mögliche ein, von unabhängigen Gewerkschaften und Campesino-Organisationen über Universitätsstudenten, Intellektuelle, kirchliche Basisgruppen, Wohngenossenschaften und Mexikos bedrängte Schwulen- und Lesbengemeinschaft. Eine immer wichtigere Rolle spielen die Menschenrechtsverteidiger, deren zunehmender Einfluss die Salinas-Regierung 1990 dazu zwang, eine nationale Menschenrechtskommission (CNDH) zu schaffen. Aktivisten, wie Rosario Ibarra, deren »Eureka«-Gruppe die Aufklärung des Schicksals von über 500 politischen Opponenten verlangt, die in den letzten 20 Jahren ›verschwunden‹ sind, stellen die Straflosigkeit der Sicherheitskräfte in Frage. Inzwischen registrieren über 300 derartige Gruppen die in Mexiko auftretenden Menschenrechtsverletzungen. Obwohl eine gewisse Teilnahme am politischen Leben schon immer stattfand, war der eigentliche Katalysator für die Formierung der Zivilgesellschaft das Erdbeben in Mexiko-Stadt vom 19. September 1985. Die Unfähigkeit der Regierung, auf die Folgen des Erdbebens zu reagieren, zwang die Bewohner im Herzen der Stadt, die Aufgaben selbst in die Hand zu nehmen – die Rettung von Opfern, Aufräumungsarbeiten, Verkehrsregulierung, Enteignung von Besitztum abwesender Hauseigentümer und die Or-

Das Putzen von Windschutzscheiben an Ampelkreuzungen ist in Mexiko-Stadt ein fester Bestandteil des „Informellen Sektors" der Erwerbstätigkeit. (Foto: Luz Kerkeling)

Der *Palacio de Bellas Artes* beherbergt zahlreiche Wandgemälde (*Murales*) der berühmtesten mexikanischen Maler und einen Konzertsaal. (Foto: Gerd Schmitt)

Die Kathedrale an der Nordseite des Zócalo, von deren Innenausstattung viel im Jahr 1967 durch ein Feuer zerstört wurde. (Foto: Luz Kerkeling)

Das Bibliotheksgebäude der UNAM (Nationale Autonome Universität in Mexiko-Stadt) ist von allen vier Seiten mit *Murales* geschmückt. (Foto: Peter Clausing)

Mais als Nutzpflanze hat seinen Ursprung in Mexiko. Er ist Grundnahrungsmittel und fester Bestandteil von Kultur und Religion. (Foto: Luz Kerkeling)

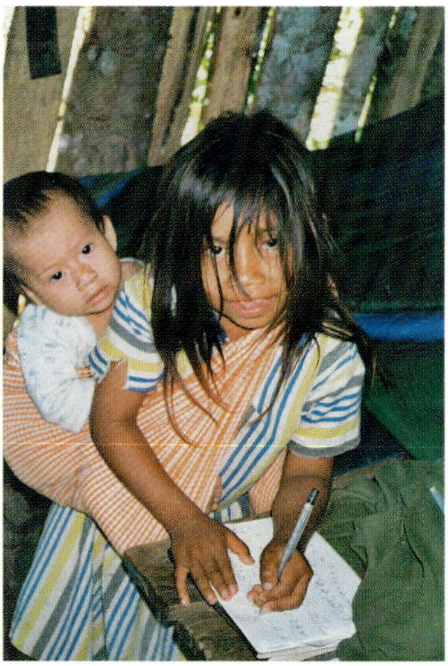

Indigena-Mädchen müssen schon von klein auf für ihre jüngeren Geschwister sorgen. (Foto: Ben Gauda)

Wasser gehört zu den Schönheiten und Reichtümern der Natur in Chiapas. (Foto: Gerd Schmitt)

Der *Templo de las Inscripciones* ist eines der bedeutendsten Bauwerke im Komplex der Maya-Ruinen von Palenque, Chiapas. (Foto: Gerd Schmitt)

Steintreppen in San Cristobal de las Casas, Chiapas. (Foto: Gerd Schmitt)

ganisation einer gewaltigen Mobilisierung, die Präsident Miguel de la Madrid dazu zwang, Ersatzunterkünfte zu bauen.

Besonders aktiv in der *Damnificado*-Bewegung (Bewegung der Opfer des Erdbebens) waren die Frauen. Obwohl Frauenassoziationen in Maderos liberaler Kampagne zum Sturz von Díaz aktiv waren und Frauen später ein eigenes Kontingent in Zapatas Revolutionsarmee hatten, besaßen sie bis 1954 kein Stimmrecht. Der Feminismus hat Mexiko spät erreicht und ist größtenteils ein Import der Mittelschicht aus den USA. Doch durch die Bedürfnisse einer sich schnell modernisierenden Gesellschaft und einer aufsteigenden Makroökonomie ist die Zahl der berufstätigen Frauen gewachsen. Heute sind 48 Prozent aller Studierenden an den Universitäten weiblich und der Anteil der Frauen in Angestelltenberufen nimmt kontinuierlich zu.

Seit dem Erdbeben von 1985 versucht die wachsende mexikanische Feministinnenbewegung, eine Brücke zu den Basisorganisationen zu schlagen. Ein Beispiel ist die Textilarbeitergewerkschaft »19. September«, deren Kampf zur Überwindung der Folgen des Erdbebens von der feministischen Schriftstellerin Elena Poniatowska unterstützt wurde. Der Aufstand der zapatistischen Armee der nationalen Befreiung, die zu einem Drittel aus Frauen besteht, welche auch im Oberkommando vertreten sind, hat Frauen dazu inspiriert, in indigenen Kommunen die Initiative zu ergreifen, wo der Verkauf von kleinen Mädchen, das Zusammenleben eines Mannes mit mehreren Frauen sowie Gewalt in den Familien nicht unüblich sind.[13]

Die Zivilgesellschaft verschafft sich weiterhin Gehör, und ihre Energie beschränkt sich nicht auf die Beteiligung an Wahlen. Auch heute füllt sich der Zócalo in Mexiko-Stadt, um immer dann, wenn der Bogen der sozialen Spannungen kurz vor dem Bersten ist, Solidarität zu demonstrieren - so wie anlässlich der zapatistischen Rebellion 1994.

---

13 Eine wichtige Initiative in diesem Prozess war die Verabschiedung des »Revolutionären Frauengesetzes« der EZLN am 8. März 1993. Im Jahr 1996 wurde eine neue Fassung der Revolutionären Zapatistischen Frauengesetze vereinbart, was von einem fortgesetzten reflexiven Diskussionsprozess unter den Zapatistas zeugt. Bei Kerkeling (2003) ist dem Thema ein ganzes Kapitel gewidmet.

Den Frieden bewahren

Das mexikanische Militär war der wirkliche Gewinner der mexikanischen Revolution und betrachtet sich stolz als revolutionäre Institution. Das Tête-á-tête von Militär und ziviler Macht füllt ganze Kapitel der mexikanischen Geschichte. Regionale Aufstände des Militärs waren bis zur Amtszeit von Cárdenas das Sorgenkind aller vorangegangenen Präsidenten, und ungehorsame Generäle intervenierten bei den Wahlen von 1940 und 1952. Doch nach 1920 hat das Militär niemals die Macht ergriffen - die längste putschfreie Epoche in einem lateinamerikanischen Land.

Traditionell sind die Beziehungen zwischen dem Militär und dem Präsidenten kompliziert und nuanciert. Ihr beiderseitiges Überleben ist von gegenseitiger Loyalität abhängig. Als Gegenleistung dafür, dass es in den Kasernen blieb, wurde dem Militär Macht und Autonomie geschenkt - die militärische Hierarchie bestimmt den mexikanischen Verteidigungsminister, und die Marine (die stets gemeinsam von einem General und einem Admiral befehligt wird) hat ihre eigene Industrie, ihr eigenes Rechtssystem und ihr eigenes Handels- und Vertriebsnetz. Die militärischen Entscheidungen gehorchen den Eigeninteressen und der internen Logik der höchsten Offiziere. Traditionell wird der Militärhaushalt niedrig gehalten - Mexikos Verteidigungsausgaben in Prozent des Bruttoinlandproduktes (bei etwa 1 Prozent) gehören zu den niedrigsten in Lateinamerika - aber der Präsident teilt darüber hinaus nicht näher spezifizierte Sonderfonds zu, um den Militärhaushalt zu ergänzen. Eine Tradition der Geheimhaltung und fehlende zivile Kontrolle sind ein integraler Bestandteil der Militärkultur.

Armee, Marine und Luftwaffe haben eine Kopfstärke von insgesamt 175.000, zum allergrößten Teil junge, nicht ausgebildete Rekruten, die unter der armen Bevölkerung in Stadt und Land eingezogen werden, viele von ihnen Indigenas, denen das Militär einen festen Job, ein geregeltes Leben und die Möglichkeit zu ökonomischer Verbesserung bietet.

Verfassungsrechtlich ist der Oberkommandierende der Präsident, der von einer Militärgarde umgeben ist, die auf spanisch *Estado*

Mayor genannt wird. Das Estado Mayor, in dem alle drei Dienste vertreten sind, hat an Prestige gewonnen und ist *de facto* zu einer unabhängigen und einflussreichen Gruppe innerhalb der militärischen Hierarchie geworden.

Die mexikanische Armee mit ihren 120.000 Soldaten dominiert unter den Verteidigungskräften. Die Marine ist zum größten Teil ein zeremonielles Korps, obwohl sie auch damit beauftragt ist, den Drogenhandel auf hoher See zu unterbinden und die Erdölbohrinseln zu schützen. Die Luftwaffe ist die jüngste und am schnellsten wachsende Waffengattung, und es ist geplant, dass sie vom Verteidigungsministerium unabhängig werden soll. Ein Großteil der Militärausrüstung im Wert von 250 Millionen US-Dollar, die zwischen 1982 und 1992 vom Pentagon an Mexiko verkauft oder lizenziert wurde, ging an die Luftwaffe.

Als Instrument der nationalen Verteidigung ist das Militär damit beauftragt, Mexiko gegenüber seinem nördlichen Nachbarn zu verteidigen. Die Vereinigten Staaten sind dreimal in Mexiko einmarschiert. Obwohl die letzte Invasion fast 90 Jahre zurückliegt - das war, als Pancho Villa von General Pershing durch die Wüste von Chihuahua gejagt wurde - wird an der nationalen Militärhochschule nach wie vor das Szenario einer Invasion aus dem Norden unterrichtet. Mexikos schlechte Erfahrungen mit ausländischen Interventionen im eigenen Land haben eine starke Strömung isolationistischen Denkens gefördert. Es stellt keine Friedenstruppen für die Vereinten Nationen und hatte niemals Streitkräfte im Auslandseinsatz, den überwiegend symbolischen Beitrag einer einzigen Luftwaffenschwadron - der legendären *Escuadron 201* - ausgenommen, die die US-Streitkräfte während des Zweiten Weltkrieges im Pazifik unterstützte.

So wie die Ökonomien der Vereinigten Staaten und Mexikos zusammengewachsen sind, so geschah es auch mit ihren Sicherheitsinteressen. Mit 3.200 Kilometern gemeinsamer Grenze ist Mexiko ein wichtiges Thema der Nationalen Sicherheit für Washington - Ölversorgung, Drogen, Immigration und politische Unruhen sind kritische Punkte auf der bilateralen Tagesordnung. Das Pentagon umwirbt die mexikanischen Generale mit Flugzeugen, Militärfahrzeugen und Technologie, die für die Anti-Drogen-Kampagne des Militärs vorgesehen sind (Flugzeuge, die für den Krieg gegen Drogen bestimmt waren, wurden im Januar 1994 gegen die zapatistischen Rebellen eingesetzt).

Obwohl mit dem Erhalt der nationalen Sicherheit beauftragt, hat das Fehlen einer militärischen Bedrohung von außen die militärische Kontrolle der eigenen Bevölkerung zur vorrangigen Mission des Militärs gemacht. Das Massaker von Tlatelolco im Jahr 1968, für das das Militär bis heute nicht zur Verantwortung gezogen wurde, hat das Ansehen dieser Institution auf Dauer geschädigt, und viele Mexikaner haben gegenüber dem Militär seitdem ein Gefühl des Unwohlseins.[14]

---

14 Ein kürzlich berufener »Sonderstaatsanwaltschaft für politische und soziale Bewegungen der Vergangenheit«, der Licht in die dunkle Epoche des »schmutzigen Krieges« bringen soll, stößt auf große Schwierigkeiten, die politisch Verantwortlichen zur Rechenschaft zu ziehen. Als Beispiel sei auszugsweise eine Meldung von Poonal (http://www.npla.de/ poonal/archiv.html) vom 25.11.2003 zitiert: »Der ehemalige Polizeikommandant Horacio Zacarías Barrientos Peralta wurde auf seinem Acker von fünf Bewaffneten gefoltert und anschließend mit 15 Schüssen getötet. Zacarías Barrientos war als Polizist in den Siebziger Jahren an der Repression gegen die Guerilla von Lucio Cabañas und die Bevölkerung Guerreros beteiligt. Folter, Mord und über 500 Verschwundene waren in diesem ›Schmutzigen Krieg‹ zu beklagen... Zacarías Barrientos stellte sich als Kronzeuge der Staatsanwaltschaft zur Verfügung, in einem Prozess gegen einen Verantwortlichen der Ermordung von Professor Jacob Nájera Hernández, der am 2. September 1974 umkam. Doch ob der Prozess nun ohne den ermordeten Kronzeugen stattfinden kann, ist unklar. Der Angeklagte hätte ... am Tag nach der Ermordung des Kronzeugen, verhaftet werden sollen.« Die Organisation Human Rights Watch ist schlankweg der Ansicht, dass die Sonderstaatsanwaltschaft zur Aufklärung der Verbrechen der Vergangenheit zum Scheitern verurteilt ist, und zwar wegen der fehlenden Bereitschaft zur Zusammenarbeit seitens der Militärgerichtsbarkeit, wegen mangelnder menschlicher und finanzieller Ressourcen und aufgrund der Tatsache, dass das Nationale Generalarchiv den Zugang zu den Akten verweigert.

Während der PRI-Herrschaft stand das Militär dem Präsidenten jederzeit zur Verfügung, wenn es darum ging, der Nation seinen politischen Willen aufzuzwingen - für Interventionen bei Streiks, bei den Wahlen und zur Verfolgung von Zivilpersonen. Das Militär ist der Hauptverdächtige bei den Entführungen, der Folter und den Morden von Hunderten von Anti-Regierungs-Aktivisten in den letzten Jahrzehnten.

Der kontroverseste Aspekt der Rolle des Militärs ist seine Einbeziehung in Polizeiaufgaben und bei der Bekämpfung des Drogenhandels. Es gibt erdrückende Beweise dafür, dass die Streitkräfte Drogenhändlern Schutz geboten haben. Seit 1997 landeten 6 mexikanische Generäle im Gefängnis, weil sie auf den Gehaltslisten der Drogenbarone standen, einschließlich dem ehemaligen Chef der mexikanischen Drogenbekämpfungsbehörde, General Jesús Gutiérrez Rebollo, dessen Geschichte in dem mit dem Oskar ausgezeichneten Film *Traffic* verarbeitet wurde.

Das Militär ist bemüht, sein Image damit aufzupolieren, dass es sich bei der Katastrophenhilfe und bei Umwelteinsätzen engagiert, wie z.B. dem Pflanzen von Bäumen und in ›Sozialarbeitskampagnen‹. Außerdem bringt das Militär Ärzte, Zahnärzte und Friseure in entlegene Dörfer. Doch die eigentliche Aufgabe des mexikanischen Militärs ist nicht das Ziehen von Zähnen, sondern das Kämpfen. Dem Militär werden Übergriffe auf die Zivilbevölkerung während der Aufstandsbekämpfung angelastet, sowohl gegen die Cabañas-Gruppe in den siebziger Jahren als auch in der heutiger Zeit gegen die Zapatistas. Darüber hinaus steht es unter öffentlicher Anklage für die Folterung und jahrelange unberechtigte Inhaftierung von 2 Umweltaktivisten, Rodolfo Montiel und Teodoro Cabrera, die gegen illegalen Holzeinschlag im Bundesstaat Guerrero protestierten.

Im Bemühen, diesen Besorgnissen Rechnung zu tragen, schuf Präsident Fox in seinem Kabinett den Posten eines nationalen Sicherheitsberaters und wählte dafür einen politisch unabhängigen Ex-Senator, Adolfo Aguilar Zinser, und beauftragte diesen mit der Überarbeitung der Sicherheitsdoktrin des Landes. Die Berufung ist eine Ironie des Schicksals. Zinser selbst wurde dereinst für kurze Zeit von der Armee entführt, als er im Jahr 1984 die Behandlung guatemaltekischer Flüchtlinge durch die Regierung öffentlich kritisierte.

Zinser ist ferner bestrebt, das riesige Geheimdienstnetzwerk abzubauen, dass von der PRI etabliert wurde, um Opponenten und Kritiker zu bespitzeln. Illegales Abhören von Telefongesprächen, elektronische Überwachung - in erster Linie, aber nicht ausschließlich vom Geheimdienst des Landes betrieben - wurden genutzt, um Oppositionsführer, Herausgeber von Zeitungen, Reporter und Gewerkschaftsführer einzuschüchtern. In der Vergangenheit wurden Wanzen bei der Nationalen Menschenrechtskommission, bei den Obersten Gerichten verschiedener Bundesstaaten und in den Büros prominenter Oppositionspolitiker gefunden, einschließlich bei dem damaligen Präsidentschaftskandidaten Vicente Fox und dem Mann, der jetzt Innenminister ist, Santiago Creel.

Eine kriminelle Polizei

Eine Illustration des kläglichen Zustandes, in dem sich die Menschenrechte in Mexiko befinden: Laut Amnesty International ist Mexiko der weltgrößte Importeur von Folterinstrumenten, Fußeisen und Zwangsjacken eingeschlossen. Am schlimmsten ist die mexikanische Polizei. »Regelmäßig erzwingen Polizisten Informationen durch Folter, die dann durch Staatsanwälte vor Gericht als Beweismittel eingebracht werden, und die Gerichte lassen nach wie vor Geständnisse, die mit Folter erpresst wurden, als Beweismittel zu«, stellte selbst das US-Außenministerium fest.

Eine Reform der notorisch korrupten, brutalen und ineffektiven Polizeistruktur steht seit langem auf der politischen Tagesordnung. Aber die Herausforderung ist gewaltig. Die enge Beziehung zwischen Polizei und Gangstern hat in Mexiko eine historische Tradition - Porfirio Díaz entließ die schlimmsten Verbrecher aus den Gefängnissen von Mexiko-Stadt und bildete daraus die städtische Polizei. Heute gibt es in Mexiko Dutzende von parallelen Polizeistrukturen - von den Kreisbehörden bis zu den Nationalen Sicherheitsagenten des Zentrums für Nachrichten und Nationale Sicherheit (CISEN), die oftmals miteinander konkurrieren, sowohl in der Rechtsprechung als auch um die Beute.

Am gefürchtetsten sind die Beamten der staatlichen wie der Bundesgerichtspolizei. Dem Innenministerium unterstehend, führen die *Judiciales* Untersuchungen durch, nehmen Verdächtige fest, die ihnen von den Gerichten benannt werden, und sie stehen in dem Ruf, ihre Opfer reinzulegen. Die Beamten werden von *Madrinas* (wörtlich »Patinnen«) angestiftet, kriminellen Elementen, die als Informanten und Schatzjäger fungieren. Der Einsatz von Folter, um Geständnisse zu erzwingen, ist Routine. Die Nationale Menschenrechtskommission (CNDH) rügt repressive *Judiciales*, die gelegentlich gefeuert werden, aber Massenentlassungen haben sich als unwirksam erwiesen, weil Ex-Beamte zu Mitgliedern jener Verbrecherbanden werden, die sie eigentlich festnehmen sollten. Schlimmer noch, Verzögerungen bei der Erstellung einer nationalen Polizei-Datenbasis bedeuten, dass ein korrupter Bulle, der in einer Stadt gefeuert wurde, problemlos bei den Polizeikräften in einer anderen Stadt wieder eingestellt werden kann.

Gerichtspolizisten sind nur der Bodensatz der extremen Korruption, die die gesamte mexikanische Polizeistruktur durchzieht. Es ist eine alltägliche Erscheinung, dass höhere Polizeibeamte und Staatsanwälte sich Positionen in lukrativen städtischen oder Grenzbezirken erkaufen. Bestechungsgelder, *Mordidas* bzw. *Chayotes* genannt, garantieren Straflosigkeit für die Mächtigen. Eine Polizeikarriere wird allgemein als Weg zu Macht, Geld und Frauen angesehen. Viele Bullen verbringen ein Gutteil ihrer Zeit mit der Erhebung von ›Steuern‹, d.h. der Erpressung von Geld aus nicht registrierten Ladengeschäften in ihrem Patrouillebereich. Einen gewissen Prozentsatz dieses Geldes geben sie dann an ihre Vorgesetzten ab. Ehrliche Polizisten, die es ablehnen, bei ihren Chefs entsprechende Zahlungen zu leisten, bekommen die schlechtesten Stellen, und viele von ihnen verzweifeln irgendwann und quittieren den Dienst.

Die mexikanische Polizei ist für ihre notorisch Ineffektivität bekannt. In Mexiko-Stadt werden nur 4 Prozent der angezeigten Straftaten jemals aufgeklärt, und das, obwohl es hier mehr Polizisten pro Kopf der Bevölkerung gibt, als in den meisten anderen Großstädten. Mexiko-Stadt hat 64 Polizisten pro 10.000 Einwohner, verglichen mit 25 in London.

Die Reformbemühungen bei der Polizei haben sich auf die Verbesserung der Bezahlung konzentriert - um der Korruption den Anreiz zu nehmen - und auf eine bessere Ausbildung, womit der Tatsache Rechnung getragen wird, dass viele der Dienst tuenden Polizisten nur eine rudimentäre Schulbildung und bruchstückhafte Gesetzeskenntnisse haben. Mexiko-Stadt unter der PRD-Verwaltung führt die neue Richtung an und hat das Anfangsgehalt für die Gerichtspolizei auf etwa 1.000 US-Dollar pro Monat angehoben - in Mexiko ein Mittelschichtsgehalt. Dadurch wird ein Job bei der Polizei auch für viele Universitätsabsolventen attraktiv. Ein ehemaliger Menschenrechtsanwalt ist mittlerweile Leiter der Polizeiakademie der Stadt.

Auf nationaler Ebene hat die Regierung Fox versucht, den Rechtsapparat zu reorganisieren. Dabei geht es u.a. um die Trennung der Polizeikräfte vom Büro des Generalstaatsanwalts und um die Konsolidierung der neu geschaffenen Föderalen Präventiven Polizei, die ähnlich wie das FBI der USA aufgebaut ist.

Mariclaire Acosta, eine langjährige Menschenrechtsaktivistin, wurde von der Fox-Administration eingestellt, um eine Regierungskampagne zu planen, die die zwei schlimmsten Bereiche des Missbrauchs im Visier hat: den routinemäßigen Einsatz von Folter, um Geständnisse zu erpressen, und die Praxis, Verdächtige bis zu zwei Jahren im Gefängnis zu behalten, bevor sie überhaupt vor Gericht kommen.

Auch gibt es Pläne, eine Transparenzkommission einzurichten, ähnlich den Wahrheitskommissionen in Argentinien, Chile und Südafrika, um vergangene Missbräuche zu untersuchen. Internationale Beobachter von Amnesty International, Human Rights Watch und ähnlichen Organisationen müssen nicht länger Einreise(FM-3)-Visa beantragen, und Belästigungen lokaler Gruppen, wie des Menschenrechtszentrums Augustin Pro, haben aufgehört.[15] Ob diese Schritte

15 Inzwischen ist die Situation wieder am Kippen. Es gab wieder Fälle von Ausweisungen von Ausländern wegen angeblicher politischer Betätigung sowie die Forderung eines chiapanekischen Politikers (Luis Gabriel Sanchez), alle Ausländer, die in zapatistischen Gemeinden leben,

zu größerer Offenheit und Rechenschaftspflicht den Widerstand der verschanzten Bürokratie und einer politischen Klasse, die der Öffnung alter Wunden sehr zögerlich gegenübersteht, überwinden kann, bleibt eine offene Frage.

Nicht funktionierende Gerichte

Weitreichende Veränderungen werden irgendwann auch eine Reform des nicht funktionierenden, größtenteils ineffizienten Rechtssystems erfordern. Die Korruption grassiert unter den Gerichtsbeamten, die unter chronisch niedriger Bezahlung und mangelhafter juristischer Ausbildung leiden. Urteilssprüche und richterliche Entscheidungen werden nicht durchgesetzt. Auf Grund von Überlastung sind viele Richter bei einer Reihe ihrer Prozesse nicht einmal persönlich anwesend. Routinemäßige Zivilverfahren, wie Scheidungsklagen und Zivilprozesse, können sich über Jahre hinziehen. Schlupflöcher und Mehrdeutigkeiten im Gesetz führen dazu, dass Fälle von Ladendiebstahl härter bestraft werden als groß angelegter Schwindel und Veruntreuung, was den Glauben bestärkt, dass die Mächtigen Straflosigkeit genießen.

Die Gesetze sind schludrig entworfen, oftmals widersprüchlich, und in Bereichen, die entscheidend für eine funktionierende Demokratie sind, gibt es häufig überhaupt keine Gesetze: z.B. gibt es in Mexiko keine Auskunftspflicht der Regierung auf Anfragen aus der Bevölkerung (in den USA als »Freedom of Information Law« bekannt, ob-

---

zu deportieren. Auch kann von einem »Aufhören der Belästigung lokaler Gruppen« keine Rede mehr sein. Eine ganze Serie von Eilaktionen seitens Amnesty International ist trauriger Beleg dafür, das Überfälle auf Büros von mexikanischen sozialen und Menschenrechtsorganisationen und die Bedrohung oder gar Ermordung ihrer Mitarbeiter wieder an der Tagesordnung sind. So wurde z.B. Griselda Teresa Tirado, bekannte Menschenrechtsaktivistin und Anwältin der indigenen Totonaken und Nahuas, Ende August 2003 in der Sierra Norte von Puebla (nahe Mexiko Stadt) auf offener Strasse erschossen.

wohl die Fox-Regierung ein solches Gesetz plant), so dass es schwierig ist, den Staat für seine Handlungen verantwortlich zu machen. In vielen wichtigen Bereichen sind die Gesetze sehr vage und voller Schlupflöcher - beim Verbraucherschutz, bei der Rechenschaftspflicht der Beamten, bei der Treuhänder-Verantwortung der Banken gegenüber ihren Kunden, beim Schutz der Kleinaktionäre und bei der Pressefreiheit.

Das Oberste Gericht hat eigentlich die Aufgabe, die verfassungsmäßigen Rechte zu garantieren. Aber seine Entscheidungen dienten in der Vergangenheit oftmals dem Schutz des autoritären Systems unter der PRI - wie z.B. durch eine Entscheidung im Jahr 1992, mit der der von Polizisten ausgeübten Folter stillschweigend Legitimität verliehen wurde. Mit besagtem Gerichtsentscheid wurde die erste Aussage nach einer Verhaftung zur juristisch einzig gültigen erklärt.

Obwohl die Gerichte in den letzten Jahren mehr Unabhängigkeit erlangt haben, besteht weiterhin die Tendenz, Urteile viel zu eng und restriktiv abzufassen, so dass sie in keiner Weise umfassendere Anwendung (als Beispielsurteile) zum Schutz der Menschenrechte erlangen können. Zum Teil ist dies auf das System des mexikanischen Zivilrechts zurückzuführen, bei dem sich die Autorität des Obersten Gerichts in spezifisch-juristisches Vokabular einhüllt - im Gegensatz zum angloamerikanischen Systems des Gewohnheitsrechts, wo die Auslegung der Gesetze von den akkumulierten Präzedenzfällen einzelner Gerichtsentscheidungen diktiert wird. Im angloamerikanischen System wird die Respektierung der Gesetze als Allgemeingut betrachtet, während das System des mexikanischen Zivilrechts lediglich als ein weiteres Mittel angesehen wird, mit dessen Hilfe der Staat der Gesellschaft seinen Willen aufzwingen kann.

Mexikaner, deren Rechte verletzt wurden, haben nur eine einzige Berufungsmöglichkeit - den *Amparo directo,* der einer Person ermöglicht, sich gegen die Handlung oder Entscheidung einer Behörde, wie z.B. eine Verhaftung oder einen Gerichtsbeschluss, zu wenden, indem sie sich darauf beruft, dass ihre verfassungsmäßigen Rechte missbraucht wurden. Der *Amparo* ist einer der wenigen Bereiche des mexikanischen Rechtssystems, der halbwegs funktioniert; weitere Bereiche sind die Wahl- und Steuertribunale sowie das privat betriebene mexikanische Schiedsgerichtszentrum, wo Konflikte zwischen Geschäftspartnern behandelt werden.

Das Rechtssystem insgesamt ist sehr schlecht auf eine seiner größten künftigen Herausforderungen vorbereitet: Streitigkeiten, die sich aus Mexikos föderalem System ergeben. Unter der PRI war der Föderalismus nur eine Worthülse. Die Macht war so zentralisiert, dass Präsident Carlos Salinas während seiner Amtszeit 17 der 22 Gouverneure der Bundesstaaten entlassen konnte.

Doch durch den Übergang zur Demokratie treten seit langem schwelende Konflikte offen zu Tage und die Teilstaaten haben begonnen, die Bundesregierung in Bezug auf die Gewaltenteilung, die Bewilligung des Haushaltes und die Einnahme von Steuergeldern herauszufordern. Schlimmer noch - Rechtskonflikte zwischen den Bundesstaaten nehmen ebenfalls zu: Zur Zeit sind rund 60 Fälle von Demarkationsstreitigkeiten über die Grenzziehung zwischen einzelnen Bundesstaaten anhängig. Im Gegensatz zu ausgereiften Föderationen wie Kanada, das auf eine jahrzehntelange Erfahrung bei Verfassungsstreitigkeiten zurückblicken kann, hat Mexikos Rechtssystem auf diesem Gebiet faktisch keine Erfahrung.

»So fern von Gott«

Als die Führung der katholischen Kirche Mexikos zur Amtseinführung von Carlos Salinas im Jahre 1988 ihre Ordensketten trug, war der gesellschaftliche Skandal perfekt. Priestern, selbst Kardinälen, ist es verfassungsmäßig verboten, geistliche Kleidung in der Öffentlichkeit zu tragen. Politische Aktivitäten bis hin zum Stimmrecht waren verboten. Die Kirche konnte weder rechtskräftige Trauungen vornehmen noch eigene Schulen betreiben, obwohl sie Letzteres ziemlich ungeniert tat (drei der letzten mexikanischen Präsidenten absolvierten katholische Schulen). Die meisten dieser Verbote gehen auf Juárez' Verfassung von 1857 zurück, die dem von Carranza verabschiedeten Grundgesetz aus dem Jahre 1917 zugrunde liegt.

Die jakobinische Reaktion ist ein ungenügend erforschter Strang der mexikanischen Geschichte. Die antikatholische Stimmung hat ihre Wurzeln in der kolonialen Ära. Die Kirche war (und ist) ein großer Landeigentümer und ihre Praxis der Landverpachtung war gleichbedeutend mit Wucher. Nach der Unabhängigkeit machte die kirchliche Hierarchie gemeinsame Sache mit den herrschenden Eliten und holte sich einen fremden Kaiser ins Land. Während des Porfiriats herrschte die Kirche über eine Nation von Sündern. »Armes Mexiko, so nah an den Vereinigten Staaten und so fern von Gott«, beklagte der Diktator Díaz.

Die jakobinische Verfolgung der katholischen Kirche kulminierte in Calles' *Cristiada*. In jener Nacht des Jahres 1926, als die Schließung der Kirchen von Mexiko-Stadt angeordnet wurde, waren die Kathedralen und Kapellen zum Bersten gefüllt. Die Revolte erreichte ihren Höhepunkt, als 1928 ein katholischer Fanatiker, José Toral, den *Caudillo* Alvaro Obregón ermordete. In den Provinzen wurden die Priester verhaftet und eingekerkert. Der Gouverneur von Tabasco, Tomás Garrido Canabal, ordnete an, dass es pro 30.000 Kirchgänger nur einen Priester geben durfte - und dass der Priester verheiratet sein musste. Die antiklerikale Verfolgung inspirierte Graham Greene zu der Novelle *Die Kraft und die Herrlichkeit* (dt. 1948). Die Religiosität der Mexikaner ist spürbar. An Sonntagen wimmelt die Basilika der Jungfrau von Guadalupe in Mexiko-Stadt ebenso von Pilgern wie die ein paar Kilometer nördlich gelegenen alten Ruinen von Teotihuacán. Die überwiegende Mehrheit - 88,2% - der Mexikaner bekennen sich zum katholischen Glauben; der Lauf des Jahres ist durch Kirchenfeste und die Tage der Heiligen strukturiert. Die Basiskirchengemeinden blühen, wo - nur spärlich verborgen - indigene Gottheiten angebetet und Laien heilig gesprochen werden, wie Jesús Malverde, ein Robin-Hood-artiger Räuber, der der Schutzpatron der *Contrabandistas* (Schmuggler) geworden ist und dem ein Schrein neben den Eisenbahngleisen in Culiacán, Sinaloa, gewidmet wurde.

Die passionierte Hingabe der Gläubigen steht im Kontrast zur Kirchenhierarchie, die so verschwiegen und isoliert ist wie das Militär. An der Spitze der Kirchenstruktur steht die Mexikanische Episcopale Konferenz (CEM), die sich aus den 109 Kardinälen, Erzbischöfen, Bischöfen und Hilfsbischöfen zusammensetzt. Der Kardinal von Mexiko-Stadt betreut die größte Diözese der römisch-katholischen Kirche der Welt (17 Millionen Gläubige) und schließt die Basilika mit ein, die größte Einnahmequelle der mexikanischen Kirche. Andere Kardinäle haben ihren Sitz in Guadalajara und Monterrey; Juan Jesús Posadas, der Kardinal von Guadalajara, war angeblich in eine Schießerei von Drogenbanden geraten und wurde dabei im Mai 1993 getötet (die meisten Mexikaner und die Kirche selbst lehnen diese Geschichte ab, und es gibt Beweise dafür, dass er Opfer eines Attentates durch Drogenbarone wurde).

Papst Johannes Paul II hat in den letzten zwei Jahrzehnten Mexiko viermal besucht, und der päpstliche Nuntius (Botschafter des Vatikans) ist einer der mächtigsten Repräsentanten in der Hierarchie der mexikanischen Kirche. Er hat Einfluss auf sämtliche Berufungen innerhalb der Kirche und bekämpft die Befreiungstheologie, eine Minderheitsströmung innerhalb des konservativen CEM.

Trotz der »schwarzen Legende« der Conquista, in der die Kirche wegen des Abschlachtens der Indios und der Zerstörung ihrer Kultur beschuldigt wird, hat es innerhalb der Kirche immer wieder Prälaten gegeben, die darauf bestanden haben, dass die Indios Seelen haben, deren Rettung es wert sei. Bartolomé de las Casas, der erste Bischof von Chiapas (1540-46), der zusammen mit Kolumbus nach Amerika gesegelt war, beschrieb die Agonie der Indigenas, befreite sie aus der Sklaverei und befürwortete stattdessen den Import schwarzer Sklaven aus Afrika, die die Stelle der Indios einnehmen sollten (später zeigte der Bischof Reue für diesen Irrtum).

Im Gegensatz zur konservativen Hierarchie waren die unteren Ränge des Klerus während der gesamten Geschichte Mexikos beim Kampf für soziale Gerechtigkeit stets an vorderster Front - Hidalgo und Morelos sind nur die am besten bekannten Beispiele. Die radikale Tagung der lateinamerikanischen Bischöfe in Medellín 1968 hinterließ auch in der mexikanischen Kirche Spuren der Befreiungstheologie. Unter Leitung des »roten« Bischofs Sergio Méndez Arceo wurde die Diözese von Cuernavaca in den 60iger Jahren ein Zentrum katholischer Radikalität. Zwei Zöglinge von Méndez - Bischof Arturo Lona in Tehuantepec, Oaxaca, und Bischof Samuel Ruiz in San Cristóbal, Chiapas (die de las Casas-Diözese) repräsentierten für Jahre die »Kirche der Armen« innerhalb des CEM. Ein Netzwerk von 15.000 christlichen Basisgemeinden mit 150.000 Aktivisten erstreckt sich über das zentrale und südliche Mexiko.

Unter Salinas Politik des *Rapprochement* (Wiederannäherung) wurden die Verfassungsartikel 3 und 130 modifiziert, um der Kirche einen verbesserten rechtlichen Status und erneuerte politische Rechte zu gewähren. Die diplomatischen Beziehungen mit dem Vatikan, die von Juárez abgebrochen worden waren, wurden wieder aufgenommen. Aber jakobinische Ressentiments brodelten weiter im Untergrund, was dazu führte, dass die katholischen Bischöfe die Vermutung äußerten, dass die Ermordung von Kardinal Posadas von solchen Kräften eingefädelt worden war.

Die Verfassungsänderungen bewirkten ein verstärktes politisches Engagement der Kirche. Zentren bei den Jesuiten, Dominikanern und in den Diözesen spielten eine wichtige Rolle in der wachsenden Menschenrechtsbewegung, und die Bischöfe scheuten sich nicht länger, von der Kanzel herab politische Statements abzugeben.

Die Wahl von Vicente Fox, einem eifrigen Katholiken, der aus seiner Frömmigkeit keinen Hehl macht, erweckte Hoffnungen, dass die PAN-Regierung bei der Befriedigung kirchlicher Forderungen nach mehr Einfluss in der Gesellschaft sogar noch weiter gehen würde - zum Beispiel durch die Wiedereinführung von Religionsunterricht in den öffentlichen Schulen. Obwohl Fox ein Tabu brach, indem er am Tag seiner Amtseinführung zum Gebet in die Basilika ging, machte er deutlich, dass es beim Status quo bleiben würde, indem er einen früheren PRIista zu seinem Sekretär für religiöse Angelegenheiten ernannte.

Der mexikanische Protestantismus befürwortete das jakobinische Anliegen. Die »historischen Kirchen« der Presbyterianer, Methodisten, Baptisten und Anglikaner wurden von Juárez begünstigt, einem Freimaurer, dessen Andenken von den Protestanten Mexikos nach wie vor in Ehren gehalten wird. Im Jahre 1919 stellten Missionare aus den USA den »Cincinatti-Plan« auf, der das postrevolutionäre Mexiko in Zonen der Evangelisierung einteilte. Zugleich lud Obregón 1923 Mennoniten dazu ein, sich in der Wüste von Chihuahua anzusiedeln. Lázaro Cárdenas, ein weiterer Freimaurer, bat in dem Bemühen, die katholische Vorherrschaft auf dem Lande zu brechen, protestantische Missionare darum, in entlegenen ländlichen Gebieten zu arbeiten.

Evangeliken und Charismatiker sind der Brückenkopf des protestantischen Vorstoßes und repräsentieren die am schnellsten wachsenden Glaubensrichtungen in Mexiko. Unermüdlich klopfen sie an die Türen in den ärmsten Wohngebieten. Evangeliken füllen die Straßenkirchen, während die daneben befindendlichen Kathedralen leer bleiben. Die protestantischen Kirchen sind mit einer strikten Interpretation des Evangeliums, ihrer Abstinenz und ihrer Toleranz gegenüber der Geburtenkontrolle attraktiv für die Konvertierten. Evangelische Kirchen sind entlang der nördlichen und südlichen Grenze konzentriert, wo Geistliche aus den USA und Guatemala (dem Land mit dem größten Anteil protestantischer Kirchen in Lateinamerika) Brückenköpfe etabliert haben. Hochrechnungen besagen, dass zu Beginn des 21. Jh. im südlichen Bundesstaat Tabasco die Zahl der Protestanten jene der Katholiken übertreffen wird. Auch in anderen armen Staaten erlangten die Protestanten großen Einfluss, so z.B. in Chiapas, wo die katholische Kirche nie einen rein indigenen Klerus heranbildete.

Vom Vormarsch der Protestanten herausgefordert, bezeichnet die katholische Kirche diese Kirchen verächtlich als »Sekten« und unterstellt sogar, dass sie als Handlanger des US-Imperialismus fungieren würden.[16] Von Zeit zu Zeit gibt es Zusammenstöße zwischen katholischen und protestantischen Gemeinden, besonders dramatisch in San Juan Chamula, einer traditionellen indigenen Gemeinde im Hochland von Chiapas, wo 25.000 evangelische Gläubige von ihrem Land vertrieben wurden.[17]

---

16 Evangelische Sekten als ›Handlanger des US-Imperialismus‹ sind nicht völlig von der Hand zu weisen und zumindest für das Nachbarland Guatemala gut dokumentiert. Eine Schlüsselrolle spielten in diesem Zusammenhang die Beziehungen zwischen dem guatemaltekischen Diktator Rios Montt und Pat Robertson, einem US-amerikanischen rechtsextremem religiösen Fanatiker (vgl. Delli Sante, 1996, S. 78).

17 Nicht selten handelt es sich bei den so genannten »religiösen Auseinandersetzungen« eher um Kaziken-Streitigkeiten über die politische Kontrolle der Bevölkerung als um religiöse Intoleranz (vgl. z. B. SIPAZ 2002).

Farm und Fabrik

Obwohl Mexikos Körper inzwischen von den Städten repräsentiert wird, ruht seine Seele weiterhin auf dem Land. Stadtbewohner, die jetzt 75 Prozent der Bevölkerung ausmachen, haben nach wie vor eine nostalgische Beziehung zum Landleben. *Ranchero*-Lieder erinnern an das ländliche Leben mit Sanftheit und Sehnsucht.

Die mexikanische Revolution war ein Ausdruck der Wut der landlosen *Campesinos*, aber die Versprechungen, die diese komplizierte soziale Umwälzung begleiteten war, blieben größtenteils unerfüllt. Heute, wo Mexiko im Begriff ist, Teil der globalen Ökonomie zu werden und große Mengen an Grundnahrungsmitteln wie Mais und Bohnen importiert, ist der landwirtschaftliche Sektor im Begriff, in der Geschichte zu versinken.[18]

18 Zu einer solchen Ansicht kann man eigentlich nur kommen, wenn man den landwirtschaftlichen Intensivbetrieb mit Pestiziden, Bewässerung, Kunstdünger und - ggf. genmanipulierten - ›Hochleistungs‹sorten auf lange Sicht als die erstrebenswerte Produktionsform betrachtet. Kritiker dieser Produktionsform hingegen haben ernsthafte Bedenken bezüglich ihrer Nachhaltigkeit und daraus resultierenden Problemen der weltweiten Ernährungssicherheit, wenn der Punkt erreicht ist, wo die Folgen von Bodenmüdigkeit (Überdüngung, bewässerungsbedingte Bodenversalzung) genetischer Verarmung (Zerstörung der Sortenvielfalt) und plötzlicher rasanter Verbreitung bestimmter Pflanzenkrankheiten in Monokulturen massiv zum Tragen kommen (vgl. Shiva, 2002; Pelegrina in Klaffenböck u.a., 2001). Abgesehen davon ist der Erfolg landwirtschaftlicher Exporte von der ›Ersten‹ in die ›Dritte‹ Welt im Allgemeinen und aus den USA nach Mexiko im Besonderen zu einem guten Teil den massiven Agrarsubventionen in den Industrieländern zu zuschreiben, die beim Wegfall schützender Importzölle für den Binnenagrarmarkt in Mexiko verheerende Folgen haben (vgl. auch Anmerkung 18). So betragen laut einem Bericht von Oxfam aus dem Jahr 2002 die staatlichen Subventionen in den USA 20.800 US$ pro Farmer und Jahr, während sich ihre mexikanischen Gegenspieler mit einem Dreißigstel an Fördergeldern begnügen müssen (Pickard & Adair 2003).

Trotz seines reichen landwirtschaftlichen Erbes ist Mexiko ein Land, dessen Topographie kaum für eine landwirtschaftliche Großproduktion geeignet ist. Die Hälfte der Landfläche hat Wüsten- oder Halbwüstencharakter. Nur 12 Prozent seiner knapp 200 Millionen Hektar verfügen über ausreichend Wasser für den Ackerbau.

Landeigentum ist entweder Privat- oder Gemeineigentum. 28.000, *Ejidos* genannte, kommunale Landwirtschaften (größtenteils von Mestizen betrieben) und indigene *Comunidades* sind über die verschiedenen landwirtschaftlichen Zonen verteilt. Ejidos sind Gemeindeland, das für die individuelle Bebauung unter den Familien aufgeteilt ist. *Pequenos Proprietarios* (der zuweilen scheinheilige Begriff »Kleineigentümer«) bezeichnet sowohl kleinbäuerliche Wirtschaften von 15 Hektar als auch 9.000 Hektar große Rinderfarmen. Die *Latifundios* (Großgrundbesitz), die in der Zeit vor der Agrarreform dominierten, bestehen weiterhin, weil die Landeigentümer ihren

Subsistenzwirtschaft unter härtesten Bedingungen ist oftmals die einzige Überlebenschance für die *Campesinos.* (Foto: Gerd Schmitt)

Grundbesitz zwischen Familienangehörigen aufgeteilt oder ihn an *Prestanombres* (Strohmänner) abgegeben haben, um die juristischen Beschränkungen für Landeigentum zu umgehen.

Am konsequentesten wurde die Landreform während der Cardenas-Ära betrieben. Jede nachfolgende Präsidentenperiode hat die Bemühungen des Landes gegenüber seinen *Campesinos* verwässert.

Land wird oft vergeben, um Stimmen zu kaufen, z.B. indem die Präsidenten Landtitel für Gebiete ohne Wasser an die *Ejidatarios* verteilen. Zwischen 1952 und 1982 waren 85 Prozent des verteilten Landes (das *Reparto*) für landwirtschaftliche Bebauung ungeeignet. Als Jose López Portillo (Präsident von 1976-82) versuchte, das *Reparto* symbolisch zu beenden, indem er Zapatas Gebeine von Cuautla, Morelos, zum Denkmal der Revolution in Mexiko-Stadt überführen wollte (wo auch Carranza, der Drahtzieher von Zapatas Ermordung, beigesetzt ist), versammelten sich Tausende von Campesinos am Grab des Caudillo und vertrieben die Polizisten, die den Auftrag hatten, die sterblichen Überreste von Zapata zu exhumieren.

Als Folge dieser Konfrontation von 1979 entstand eine unabhängige Campesino-Bewegung, die Nationale Koordination des Ayala-Plans

Das Denkmal der Revolution in Mexiko-Stadt. (Foto: Luz Kerkeling)

(CNPA), die heute in Form zahlreicher Organisationen, die die Initialen Emiliano Zapatas tragen, fortlebt. Das bekannteste Beispiel ist die Zapatistische Armee der Nationalen Befreiung (EZLN).

Unter ständigen Angriffen der Sicherheitskräfte und der Privatarmeen der Großgrundbesitzer (»Weiße Garden«) versuchen unabhängige, von Tod und Verfolgung bedrohte Campesino-Gruppen, das Land zurückzugewinnen, das einst zu ihrem *Ejido* oder zu ihrer Gemeinde gehörte. Zwischen 1982 und 1988 wurden in Chiapas 700 Mitglieder solcher Gruppen eingekerkert.

Die Technokraten, die Mexiko seit 1982 regieren, betrachten das *Ejido* als Fehlexperiment einer statischen Landwirtschaft, mit dem es weder gelang, die ländliche Armut zu beseitigen noch die Basis für eine sich modernisierende kleinbäuerliche Landwirtschaft zur Verfügung zu stellen. Die Weitergabe des *Ejido* von einer Generation zur nächsten hat die Betriebsflächen fragmentiert, so dass 60 Prozent der 3 Millionen *Ejidatarios* heutzutage Flächen von 2 Hektar und weniger bebauen. Auf Grund seiner sinkenden Produktivität gehört Mexiko zu den vier größten Getreideimporteuren der Welt - ein Fünftel des heute konsumierten Maises kommt von außerhalb des Landes, eine Menge, die seit dem NAFTA-Abkommen kontinuierlich steigt.[19] Der letzte Sargnagel für die Campesinos von Mexiko

---

19 In Mexiko wird auf 62% der Ackerfläche Mais angebaut, und der Lebensunterhalt von 15-18 Mio. Menschen hängt von der Maisproduktion ab. Kapitel VII von NAFTA schreibt die völlige Abschaffung von Importzöllen für Mais bis 2010 vor, wobei mit dem Inkrafttreten von NAFTA eine zollfreie Quote von 2,5 Mio. t im Jahr 1994 wirksam wurde, die dann jährlich um 3% gesteigert werden sollte (http://www.cec.org/files/PDF/ECONOMY/engmaize_EN.pdf). In vorauseilendem Gehorsam hat die mexikanische Regierung die jährliche Quotensteigerung aber deutlich höher ausfallen lassen. Die Nutznießer der Billigimporte aus den USA sind industrielle Verbraucher wie Rinderzüchter, Mehl- und Stärke-Produzenten sowie große Handelsketten (http://www.developmentgap.org/rmalcag.html). Die eigentlichen NAFTA-Gewinner sind aber die riesigen Agrarkonzerne auf beiden Seiten der Grenze wie Conagra (Mexiko) und Archer Daniels Midland (USA), die seit

war die Revision des Artikels 27 der Verfassung während Salinas' Präsidentschaft im Jahre 1991, mit dem das *Reparto* beendet und der Verkauf bzw. die Verpachtung von *Ejido*-Land an privates Kapital und Agrobusiness gefördert wurde.

Nun, da die Globalisierung rasch voranschreitet, vereinnahmen im Süden Rinderzüchter mit McDonalds-Verträgen das Land, auf dem zuvor Mais angebaut wurde, und bewässerte Flächen im Norden werden für den Anbau von Exportprodukten wie Erdbeeren, Spargel, Broccoli, Chillischoten, Trauben, Nüsse, Pfirsiche, Kichererbsen, Oliven, Gurken und Wassermelonen genutzt. Mexiko produziert ein Drittel aller Tomaten und ein Viertel aller Melonen, die in den USA verzehrt werden. Die landwirtschaftlichen Exporte des Landes haben sich in der letzten Dekade auf 4,15 Milliarden US-Dollar vervierfacht. Sie repräsentieren das andere Gesicht der mexikanischen Landwirtschaft: große, moderne, effiziente, industrialisierte Betriebe, die in wachsendem Masse mit ausländischen Methoden und entsprechenden ausländischen Standards verwaltet werden. Sie sind eine der umstrittenen Erfolgsgeschichten der NAFTA-Ära, die zugleich in scharfem Kontrast zur misslungenen Verbesserung der Lebensverhältnisse für Millionen Kleinbauern steht. Die unter den ökonomischen Bedingungen leidenden Campesinos verlassen ihre Familienfarmen und strömen seit Generationen auf der Suche nach Arbeit in die Städte. Aber nur wenigen ist es gelungen, eine Arbeit als Industriearbeiter zu finden, und einer noch geringeren Zahl im gewerkschaftlich organisierten Sektor. Von 38 Millionen Arbeitern im städtischen bzw. industriellen Bereich sind etwa 10 Millionen Mitglied einer zumeist PRI-hörigen Gewerkschaft.

NAFTA-Beginn eine Steigerung ihrer Profite um 200 bzw. 300% verzeichnen konnten. Bezeichnenderweise sind nicht nur die mexikanischen Campesinos von den Folgen dieser Politik betroffen - auch auf US-amerikanischer Seite gibt es Opfer: Seit NAFTA-Beginn gingen 33.000 Familienbetriebe in Konkurs (Pickard & Adair 2003).

Ein Paradies für »gelbe« Gewerkschaften

Die dominante Gewerkschaftsorganisation ist weiterhin der Bund mexikanischer Arbeiter (CTM), der 14.000 Einzelgewerkschaften umfasst, von denen viele nur an einem einzigen Standort existieren - eine Fragmentierung, die eine industrieweite Solidarität behindert. Der CTM, in dessen Einzelgewerkschaften 5,5 Millionen Arbeiter organisiert sind, bildete traditionell zusammen mit 4 kleineren Gewerkschaftsdachverbänden einen Arm der korporativen Struktur der PRI.

Die anderen zwei Hauptsäulen der korporativen Unterstützung der PRI waren der nationale Bund der Volksorganisationen (der die Straßenhändler, Taxifahrer, Transportarbeiter und Angestellten des Öffentlichen Dienstes umfasste) und der Nationale Campesino-Bund (der die Kleinbauern repräsentierte).

Die PRI verließ sich maßgeblich auf die Unterstützung durch seine korporativen Verbündeten. Als Belohnung für die Stimmabgabe (für die PRI) erhielten der CTM und seine Verbündeten Sitze im mexikanischen Parlament, eine Praxis, die sich inzwischen überlebt hat.

PRI-liierte Gewerkschaftsbosse sind unter dem Namen *Charros* bekannt (eigentlich ein Begriff für reißerisch angezogene Cowboys). Sie herrschen durch Zwang und durch das Aushandeln von Verträgen hinter dem Rücken ihrer Mitglieder. Militanz am Arbeitsplatz wird von ihnen unterdrückt. Sie selbst schicken Schlägertrupps, um spontane Streiks zu unterdrücken, so zum Beispiel in den Ford-Fabriken nahe Mexiko-Stadt im Jahr 1991. Legale Streiks sind selten. Carlos Salinas schickte 1989 das Militär, um einen Bergarbeiterstreik in Cananea, Sonora, zu ersticken, dem Ort, wo 1906 in einem blutigen Streik gegen die damaligen US-Eigentümer die mexikanische Gewerkschaftsbewegung geboren wurde. Nach dem Streik von 1989 wurde die Grube wieder privatisiert.

In den 90er Jahren, als die Gewerkschaftsbosse nach und nach die Kontrolle über die Stimmabgabe ihrer Mitglieder verloren, ließ der politische Einfluss der Gewerkschaften deutlich nach. Tatsächlich stimmten die Anhänger der mächtigen Ölarbeitergewerkschaft zur

Präsidentschaftswahl im Jahr 2000 überwiegend für Fox - und diese wurde damit eine von vielen gewerkschaftlich organisierten Bastionen, die ein Bündnis mit der Opposition einging.

Doch obwohl die politischen Patrone in Mexiko-Stadt ihre Macht verloren, behielten die PRI-loyalen *Charros* ihren Einfluss in den Betrieben. Mit ihrer Fähigkeit, die Gewerkschaftsmitglieder für Streiks oder von Arbeitsunterbrechung begleitete Proteste zu mobilisieren, bleiben sie ein Faktor, mit dem gerechnet werden muss. Möglicherweise werden Gewerkschaftsreformen ihre Machtbasis schwächen. Eine kürzliche Entscheidung des obersten Gerichts erlaubt es unabhängigen Gewerkschaften, mit den offiziellen Gewerkschaften in ein und demselben Betrieb zu konkurrieren, wenngleich es schwierig sein wird, dies in der Praxis umzusetzen. Eine der mächtigsten Waffen gegen die alten Gewerkschaftsbosse - die geheime Stimmabgabe - ist in den Betrieben weiterhin nahezu unbekannt.

Die Drohung, die Arbeit zu verlieren, ist die effektivste Methode, aufmüpfige Arbeiter zum Verstummen zu bringen. Die Statistik des mexikanischen Arbeitsamtes verzeichnet (Jahr für Jahr) eine Arbeitslosenquote von nur wenigen Prozent. Doch dem UNAM-Ökonomen José Luis Calva zufolge liegt die tatsächliche Zahl der Arbeitslosen bzw. Unterbeschäftigten bei etwa 33 Prozent. In Mexiko gibt es kein Arbeitslosengeld, und jene ohne Job sind gezwungen, in den informellen Sektor zu gehen, um zu überleben.

Jenen, die eine Arbeit haben, geht es nicht viel besser. Die Reallöhne halbierten sich in dem »verlorenen Jahrzehnt« der 80er Jahre und wurden darüber hinaus von der Peso-Krise von 1994 hart getroffen. Ökonomen sagen voraus, dass der Eintritt Chinas in die WTO (im Jahr 2006, Anm. d. Übs.) zusätzlichen Druck auf das Lohnniveau in Mexiko ausüben und das Land zunehmend Niedriglohnjobs an chinesische Fabriken verlieren wird. Diese Sorge steckt hinter den Bemühungen der Regierung, schrittweise eine Transformation zu qualifizierterer Arbeit und zur Herstellung von Produkten mit höherem Veredlungsgrad zu fördern. Die Regierungen mancher Bundesstaaten, z.B. in Nuevo Leon und Jalisco, bemühen sich in der Tat, Investoren davon abzuhalten, neue Maquilas in dieser Region zu errichten.

Trotz der allgemeinen Tatenlosigkeit der offiziellen Gewerkschaftsbewegung sind einige Gewerkschaften ihren Prinzipien treu geblieben. Die Gewerkschaft der Elektrizitätsarbeiter, SME, hat eine lange Tradition gewerkschaftlicher Solidarität. Die Lehrergewerkschaft, SNTE, mit 800.000 Mitgliedern die größte Einzelgewerkschaft Lateinamerikas, hat eine sehr aktive Basis, die ihre Charro-Führung gestürzt hat. Die Telefongewerkschaft, STRM, ist stolz auf ihre demokratischen Strukturen und hat einen Ausgleich für neoliberale Anpassungsmaßnahmen erzwungen. Als Telmex von Salinas privatisiert wurde, erhielten die Arbeiter 3,3 Prozent der Aktien, wodurch STRM zu einer der reichsten Gewerkschaften in Mexiko wurde.

Doch die meisten Gewerkschaftsaktivisten befinden sich außerhalb des Mainstream. Die »Authentische Arbeiterfront« (FAT) mit ihren 70.000 Mitgliedern existiert seit 35 Jahren als unabhängige Gewerkschaft. Die Textilarbeitergewerkschaft des »19. September« ist ein Kind des Erdbebens von 1985 in Mexiko-Stadt, bei dem viele Maquiladora-Arbeiter ihr Leben verloren. Die unabhängige proletarische Bewegung (MPI) organisiert die Busfahrer und die verarmten *Colonias*, die sie befahren. Eine weitere mögliche Triebkraft für Veränderungen sind Gewerkschaften aus den USA - wie z.B. die Teamster (Transportarbeitergewerkschaft), die Vereinigten Elektrizitätsarbeiter (UE) und der Gewerkschaftsdachverband (AFL-CIO) sowie Nichtregierungsorganisationen (NGO's) wie das Workers-Rights-Consortium - die über die Grenze gehen, um die Einhaltung gewerkschaftlicher Rechte zu überwachen und jene mexikanischen Arbeiter zu organisieren, die in transnationalen Unternehmen arbeiten, mit denen sie US-amerikanische Verträge haben.

Ein Ausgangspunkt waren die Maquiladoras, in denen jetzt 1,3 Millionen Arbeiter beschäftigt sind, mehr als doppelt so viele wie zu Beginn von NAFTA. Vor kurzem erzwang eine NGO-unterstützte Kampagne Zugeständnisse für die Arbeiter bei Kukdong, einem koreanischen Bekleidungshersteller im Bundesstaat Puebla, der Lieferant für die Markenfirma Nike ist.

Die Wirtschaft

Von mexikanischen Wundern, Aufschwüngen und Zusammenbrüchen

Wenn man den Worten von Augustín Lagorreta glauben will, dem Spross einer prestigereichen Bankerfamilie, ruht die mexikanische Wirtschaft in den Händen von nur 300 Schlüsselfiguren. Was immer die tatsächliche Größe der herrschenden Gruppe sein mag, vom Ausmaß der Kapitalkonzentration ist selbst die Weltbank schockiert, die der Ansicht ist, dass Mexiko »eines der schlimmsten Profile in der Einkommensverteilung der Welt hat«. In Mexiko hat sich in den 90er Jahren die Kluft zwischen Arm und Reich wie in keinem anderen Land Lateinamerikas vergrößert.

Der Reichtum ist in den 3 großen Städten Monterrey, Guadalajara und dem Bundesdistrikt (Mexiko-Stadt) konzentriert und gehört Familien und Allianzen von Familien, die als *Grupos* bekannt sind, von denen viele Monopole oder Quasi-Monopole darstellen: Telmex verfügt über 95 Prozent Marktanteile an den inländischen Telefongesprächen; Cintra besitzt beide nationale Fluglinien; Bimbo dominiert den Brot- und Gebäckmarkt. Bei Bier und Zement gibt es ebenfalls kaum Wettbewerb.

Ähnlich wie die Kirchen und das Militär hatte der privatwirtschaftliche Sektor keinen formalen Platz in der Hierarchie der PRI-Regierung, aber die Spitzen von Politik und Wirtschaft folgten einem ungeschriebenen Gesetz, demzufolge die Richtung von Mexikos Wirtschaftspolitik durch die Geschäftseliten bestimmt wurde. Präsident Fox hat diese Verbindung offensichtlicher gemacht, indem er Schlüsselpositionen in den Ministerien mit Wirtschaftsbossen besetzte, mit der Begründung, dem mexikanischen Staat ein effektives Management zu bescheren.

Fox' Wirtschaftsreformpläne zielen darauf ab, die Bürokratie abzubauen, das notorisch antiquierte Steuersystem zu reformieren – damit die Einkommen der Unternehmen und privaten Haushalte weniger belastet werden[20] –, die Abhängigkeit der Regierung von dem unsicheren Einkommen aus Ölexporten zu reduzieren, die Energiewirtschaft für ausländische Investoren zu öffnen, Bildung und Berufsleben zu verbessern und das ökonomische Wachstum auf 7 Prozent zu steigern. Das sind große Pläne, selbst wenn man in Rechnung stellt, dass Fox nicht wie sein PRI-Vorgänger, Ernesto Zedillo, beim Versuch, viele dieser strukturellen Veränderungen einzuführen, auf Widerstand in der eigenen Partei stoßen wird.

Der heute dominante private Sektor der Wirtschaft steht im Kontrast zur Politik von Lázaro Cárdenas, der den Staat als ›Schlichter‹ betrachtete, der die Wirtschaft zum Nutzen des Gemeinwohls lenkte. Cárdenas fürchtete die Tendenz des privaten Kapitals, sich in den Händen von Wenigen zu konzentrieren. Nach dem Ende der Amtszeit des Generals im Jahr 1940 erhielten derartige Ansichten eine Galgenfrist bis zur Ära Echeverría.

Die Zeit von 1946 bis 1970 wird als die Periode des »Mexikanischen Wunders« dargestellt, als die nationale Produktion mit dem Modell der ›Importsubstitution‹ gefördert wurde, die Industrie staatliche Stützung erhielt und vor ausländischer Konkurrenz durch hohe Importzölle geschützt war. Während der ›Wunderjahre‹ betrug das jährliche Wachstum im Durchschnitt 6 Prozent, die einheimische Landwirtschaft ernährte die Nation, die Auslandsschulden waren gering und es herrschte Preisstabilität. Die olympischen Spiele – die

---

20 Die hier aufgestellte Behauptung, dass durch Fox' Wirtschaftsreformpläne »die Einkommen ... der privaten Haushalte weniger belastet werden (sollen)«, ist entweder ein Zitat aus der Regierungspropaganda oder es ist nur eine ganz bestimmte Sorte von Haushalten gemeint – die der Oberschicht. Zur realen Situation sei auf Boris und Sterr (2002) verwiesen. Im November 2003 gab es Protestmärsche gegen das Vorhaben der Regierung, die Mehrwertsteuer auf Lebens- und Arzneimittel auszudehnen (*taz* Nr. 7221 vom 29.11.2003). Seinen Plan, die Staatseinnahmen über eine Erhöhung der Mehrwertsteuer zu steigern, konnte Fox bisher nicht durchsetzen. Er scheiterte am Votum der Opposition im Parlament, in dem die ehemalige Staatspartei PRI nach wie vor die Mehrheit hat.

ersten, die jemals in einem Entwicklungsland stattfanden - waren symbolisch für das aufstrebende Mexiko, das sich als Kandidaten für die ›Erste Welt‹ betrachtete.

In Mexiko verschmelzen wirtschaftliches und politisches Unglück oft miteinander. Das Massaker von Tlatelolco am Vorabend der 1968er olympischen Spiele offenbarte den Frust der Mittelschicht über die autoritäre Herrschaft und eine noch viel tiefer sitzende Wut in den unteren sozialen Schichten über den Ausschluss vom vielgepriesenen ›Wunder‹. Ende der 60er Jahre hatte das Wunder abgewirtschaftet. Die landwirtschaftliche Produktion konnte nicht mit dem Verbrauch Schritt halten und Mexiko begann, Nahrungsmittel und - schlimmer noch - Öl zu importieren, um die Industrie am Laufen zu halten. Das Wachstum rutschte 1972 auf Null und die Arbeitslosigkeit stieg auf Grund der weltweiten Rezession weiter an. Mexikos gerühmte Preisstabilität wurde ein Opfer der Inflation.

Luis Echeverría (1970-76) rückte mit seiner populistischen, neocardenistischen Politik wieder nach links. Die ›Teilhabe an der Entwicklung‹ war darauf ausgerichtet, den Unterschichten einen größeren Anteil an den Segnungen des Systems zu geben und die radikalen Kräfte zu neutralisieren. Echeverría blickte nach Süden und nahm rhetorischen Bezug auf die Solidarität mit der Dritten Welt gegen die Yankee-Imperialisten. Doch zeitgleich mit der Verurteilung des Nordens borgte seine Regierung exzessive Mengen an Geld von US-amerikanischen Banken. Die Auslandsverschuldung erhöhte sich von 4 Milliarden auf 11 Milliarden US-Dollar, trotzdem konnten weder die neocardenistische Rhetorik noch die auf Schulden basierende Entwicklung den ökonomischen Niedergang aufhalten. Echeverría war gezwungen, den Peso um 43 Prozent abzuwerten - die erste Abwertung seit 20 Jahren. Das »Mexikanische Wunder« war tot.

José López Portillo, Echeverrías Nachfolger, trat sein Amt umgeben von Gerüchten über einen Militärputsch an. Er wurde in erster Linie als sachlicher Mann betrachtet, der in der Lage sein könnte, die Geschäftswelt zu beruhigen, die nicht nur wegen der schlechten Wirtschaftslage empört war, sondern auch, weil Banker und Industrielle in den großen Städten des Landes durch marxistische Guerilleros in den Tod befördert wurden. López Portillos sorgfältig gepflegtes Image als Gegengift zu Echeverrías Populismus ging in die Brüche, als 1977 große Ölvorkommen im Sund von Campeche entdeckt wurden. Mexikos Ölvorräte stiegen über Nacht von 22 auf 72 Milliarden Barrel und wurden zu den sechstgrößten in der Welt.

Mexikos Öl hat eine ›heilige‹ Geschichte. Die Azteken entdeckten *Chapopote* in der Nähe von Poza Rica, Veracruz, und opferten es ihren Göttern als Weihrauch. Die Spanier dichteten ihre Schiffe damit ab. Kapitalisten aus der Ära des Porfirats, wie der US-Amerikaner James Doheny und der Brite Weetman Pearson, bohrten Brunnen, kommerzialisierten die Produktion und kontrollierten Mexikos Ölindustrie noch lange nach der Revolution. Präsident Cárdenas rang die Industrie den anglo-amerikanischen Eindringlingen ab und entzündete die nationalistische Flamme in der mexikanischen Brust. Cárdenas betrachtete die Ölproduktion für den inländischen Verbrauch als notwendig, um die Räder der mexikanischen Industrie zu schmieren, aber Öl steckte auch immer in Mexikos Pipeline zur Weltwirtschaft, und nach dem 2. Weltkrieg hatte der Ölexport Priorität.

Mit den neuen Ölfunden erzeugte Pemex, das staatliche Ölunternehmen, mehr Gewinn als die nächsten 6 Industriezweige zusammengenommen. Der Großteil der Einnahmen von Pemex - 65 Prozent - fließt direkt in den Staatshaushalt und entspricht etwa einem Drittel des jährlichen Budgets. Vollgestopft mit Petro-Dollars schnellte das wirtschaftliche Wachstum von 1978-81 auf 8 Prozent jährlich. Doch als der Ölboom nachließ, standen die ausländischen Geldgeber an der Tür von Pemex Schlange. Das Land verfiel unter López Portillo in einen Kreditrausch, und die Auslandsschuld wuchs auf 60 Milliarden US-Dollar.

»Wir müssen lediglich den Überfluss verwalten«, informierte ein frohlockender Präsident das Land nach den Ölfunden in Campeche. López' Stil war verschwenderisch. Er etablierte das Programm SAM (das mexikanische Nahrungsmittelsystem), das die Bauern für die Produktion billiger Nahrungsmittel bezahlte, und bescherte dem Land ein kurzes Jahr der landwirtschaftlichen Selbstversorgung (1981). Er ließ Kitschmonumente der indigenen Kultur errichten, wie z.B. die rosa Mondlandschaft des »Otomíe (Nahnu) Zeremonienzentrums« in Temoaya im Bundesstaat Mexiko. Sowohl Echeverría als auch López Portillo halfen zahlreichen unwirtschaftlichen Unternehmen aus der Klemme. Zwischen 1970 und 1982 wuchs die Zahl der Staatsbetriebe auf 1155.

Die Probleme begannen mit dem massiven Fall der Ölpreise im Oktober 1981. Zu diesem Zeitpunkt hatten die Ölexporte einen Anteil von 78 Prozent am gesamten Exportvolumen. Das meiste davon ging in die USA. Doch die Öleinkünfte waren gesunken und zu gering, um den Zahlungsverpflichtungen für Kurzzeitkredite nachzukommen. Im August 1982 übermittelte der mexikanische Finanzminister seinem Amtskollegen in Washington die vertrauliche Information, dass Mexiko außerstande sei, seine Auslandsschulden zu bezahlen - eine Mitteilung, die den Beginn der lateinamerikanischen Schuldenkrise markierte.

Die Schuldenkrise beendete den Boom mit einem dumpfen Schlag. Die Kapitalflucht nahm panische Proportionen an und Milliarden Dollar wurden aus dem Land abgezogen. In einem verzweifelten Ver-

Der informelle Sektor ist oftmals der einzige Ausweg. (Foto: Luz Kerkeling)

such, die »*Sacadolares*« (Dollar-Abzieher) zu stoppen, nationalisierte López Portillo die Banken, ein Cárdenas-artiger Schlag, der den privaten Sektor außer sich brachte.

Ähnlich wie Echeverría beendete José López Portillo seine Amtszeit in Ungnade. Trotz des bestehenden Drucks zur Abwertung der überbewerteten Währung, prahlte der Präsident, er würde den Peso »wie ein Hund« verteidigen - 10 Tage später ordnete er die erste von drei Abwertungen an, die den Kurs zum Dollar auf 1:100 festsetzte. Wenn der gealterte López Portillo heute in der Öffentlichkeit erscheint, fangen die Passanten höhnisch an zu bellen.

NAFTA und die neue Weltordnung

Die Schuldenkrise und der Fall der Ölpreise - damals die Haupteinnahmequelle des Staates - zwang die Regierung zur Öffnung der Wirtschaft. Miguel de la Madrid (1982-88), der erste von drei ›technokratischen‹ Präsidenten, war mit den Scherben des zum Debakel gewordenen Mirakels konfrontiert. Die Lösung der Schuldenkrise stand an der Spitze der Tagesordnung. Für das Versprechen neuer Kredite und einer Umschuldung der alten begann Mexiko mit einer Strukturreform, die die Handelsbeschränkungen beseitigte, die Staatsbetriebe privatisierte und die Staatsausgaben auf ein Niveau der ›Nachhaltigkeit‹ zusammenkürzte. Die Präsidentschaft von de la Madrid fiel zusammen mit »*la crisis*«, in Wirklichkeit mit einer Serie von Krisen, die ihre Tiefpunkte auf Grund eines weiteren Abrutschens der Ölpreise in den Jahren 1983 und 1985 hatte. Trotz des vom IMF verordneten Sparprogramms stieg die Inflation bis 1987 auf 150 Prozent. Während die Arbeiter 60 Prozent ihrer Kaufkraft verloren, stieg die Auslandsschuld auf 107 Milliarden Dollar, den zweithöchsten Schuldenstand in der Dritten Welt. Allein die Schuldendienste verzehrten die Hälfte der Exporteinkünfte. Die Sozialprogramme wurden demontiert, und 1990 lebten 41 Millionen Mexikaner, nahezu die Hälfte der Bevölkerung, unterhalb der Armutsgrenze.

Die Totenglocken läuteten für das nationalistische mexikanische Entwicklungsmodell der ›Importsubstitution‹, als de la Madrid 1985 für Mexiko das GATT-Abkommen unterschrieb. Der Präsident verkaufte nahezu die Hälfte der Staatsbetriebe, die von seinen Vorgängern erworben wurden. In seinem letzten Amtsjahr initiierte de la Madrid das erste von insgesamt sieben Abkommen zwischen der Regierung, Firmenvertretern und den Gewerkschaften, durch die für mehrere Jahre Lohnerhöhungen deutlich unter die Inflationsrate gedrückt wurden. Die *Pactos* (Abkommen) signalisierten ebenso wie Madrids Wahl, Carlos Salinas de Gortari als seinen Nachfolger zu benennen, die Fortsetzung der neoliberalen Politik.

Salinas, von dem viele Mexikaner glauben, dass er seinem Opponenten Cuauhtémoc Cárdenas durch Wahlbetrug die Präsidentschaft stahl, war ein ambitionierter Präsident, der danach trachtete, die neoliberalen Reformen so tief in der mexikanischen Wirtschaft zu verankern, dass eine Rückkehr zu staatskapitalistischen Formen nie mehr möglich sei. Gleich nach Amtsübernahme traf er sich mit dem frischgewählten (noch nicht ins Amt eingeführten) US-Präsidenten George Bush, um die wirtschaftliche Zusammenarbeit von Mexiko und den USA zu diskutieren, was 1990 zum Vorschlag des nordamerikanischen Freihandelsabkommens (NAFTA) führte, auf spanisch TLC (*Tratado de Libre Comercio)* abgekürzt, das »von Yukon bis Yucatán« reichen und 360 Millionen potentielle Verbraucher erfassen sollte.

Zur Vorbereitung der nordamerikanischen Wirtschaftsintegration (Kanada, das ein gesondertes Freihandelsabkommen mit den USA hatte, wurde eingeschlossen) änderte Salinas die mexikanischen Investitionsgesetze, so dass in allen Bereichen 100%ige Auslandsinvestitionen möglich wurden (außer in der Ölindustrie, wo ausländische Investitionen auf 49 Prozent begrenzt wurden). Er revidierte den Artikel 27 der Verfassung, was eine schrittweise Privatisierung des *Ejido*-Systems ermöglichte und zu Auslandsinvestitionen in der Landwirtschaft ermunterte. Der zur Glatze neigende, dynamische Präsident (mit 39 Jahren der jüngste, der jemals im Amt war) verkaufte die nationalen Fluglinien und die Telefongesellschaft an herausragende Geldgeber seiner Wahlkampagne und gab 18 nationalisierte Banken an die *Grupos* zurück, die aus den ehemaligen Eigentümern und neuen favorisierten Finanziers bestanden. Um das Wohlwollen des Weißen Hauses noch weiter zu vergrößern, erhöhte Salinas während des 1991er Golfkrieges die Erdölexporte in die USA, wenngleich öffentliche Proteste ihn zwangen, von einer Entsendung mexikanischer Truppen Abstand zu nehmen.

Durch das von der PRI kontrollierte Parlament war die Zustimmung zu NAFTA garantiert, so dass das Schicksal des Abkommens in den Händen des US-Kongresses lag, wo es im November 1993 mit einer Mehrheit von 34 Stimmen verabschiedet wurde. Obwohl die Nationalisten entsetzt waren, dass die ökonomische Zukunft Mexikos künftig in Washington entschieden werden sollte, stellte NAFTA lediglich die Legalisierung der wirtschaftlichen Realität dar, denn 90 Prozent der Exporte Mexikos gingen in die USA und 70 Prozent seiner Importe kamen von dort.

Mexiko hat viele ›Reize‹: Dazu gehören eines der niedrigsten Lohnniveaus in Lateinamerika (diese sind z.B. in Argentinien, Chile, Brasilien, Kolumbien, Venezuela und Costa Rica höher) und die Kaufkraft von 30 Millionen Verbrauchern der Mittel- und Oberschicht, die begierig sind, US-amerikanische und kanadische Produkte zu kaufen. Das Abkommen, das am 1 Januar 1994 in Kraft trat, schien darauf ausgerichtet zu sein, Mexikos wirtschaftliche Zukunft auf absehbare Zeit an die Wirtschaft der USA zu ketten.

Seit Unterzeichnung von NAFTA stieg Mexiko vom vierten auf den zweiten Platz unter den Handelspartnern der USA auf und dürfte in den kommenden 10 Jahren Kanada von Platz 1 verdrängen, wenn es bei dem jährlichen Wachstum von 20 Prozent im Handelsvolumen mit den USA bleibt. Mexiko hat inzwischen Freihandelsabkommen mit 29 weiteren Ländern, einschließlich der 15 (damaligen, Anm. d. Übs.) EU-Staaten - wodurch Mexiko, von Israel abgesehen, das einzige Land der Welt ist, dass mit den zwei größten Wirtschaftsblöcken gleichzeitig ein Freihandelsabkommen abgeschlossen hat.

Das erste NAFTA-Jahr in Mexiko war turbulent, gekennzeichnet durch den Aufstand der Zapatistas (der zeitlich so geplant war, dass er mit dem Inkrafttreten des Abkommens zusammenfiel) und den Kollaps des Peso nach einer verpfuschten Abwertung, der die Wirtschaft in eine tiefe Rezession schickte und eine Bankenkrise hervorrief, die Präsident Bill Clinton gegen den Widerstand des US-Kongresses zu einer Multi-Milliarden-Rettungsoperation zwang.

Unter Präsident Ernesto Zedillo, einem trockenen Buchhalter, begann die Wirtschaft wieder zu wachsen - mit einer jährlichen Rate von 5,5 Prozent -, und ausländische Investoren bauten neue Fabriken, statt ihr Geld in unsichere Kurzzeitfonds zu stecken (eine der Hauptursachen für den Peso-Crash). Die Finanzlage des Landes verbesserte sich dermaßen, dass es eine der begehrten (positiven) Investitionsbewertungen durch Moody's Kredit-Risiko-Agentur erhielt. Zedillo ging mit einer 70-prozentigen Zustimmungsrate aus dem Amt und eroberte sich für die Ermöglichung des Übergangs zur Demokratie einen Platz in den Geschichtsbüchern.[21]

In dem Maße, in dem die Vorteile von NAFTA für Mexiko offensichtlich wurden - 10-12 Milliarden US-Dollar an ausländischen Investitionen pro Jahr, boomender Handel und eine wachsende Zahl neu geschaffener Arbeitsplätze -, verstummte die Opposition gegen das Abkommen mehr und mehr. Die einzige politische Partei, die

---

21 Boris und Sterr (2002, S. 30) ziehen eine gegenteilige Bilanz der Politik Zedillos: »Im ökonomischen Bereich, vor allem was die Eckdaten ... angeht, konnte er relative Erfolge aufweisen, allerdings um den Preis zunehmender Verzerrungen und Polarisierungen der Ökonomie, die schon unter der neoliberalen Ägide seiner Vorgänger spürbar geworden waren. Die systematische Begünstigung der Finanzgruppen und der großen Kapitale ... implizierte die Vernachlässigung der kleinen und mittleren nationalen Unternehmen... Auf der Ebene der sozialen Entwicklung schlugen diese Tendenzen noch negativer zu Buche... Auf politischer Ebene schließlich musste Zedillo eine Reihe von Konzessionen bezüglich des Wahl-Mechanismus und der Unabhängigkeit des Wahlgeschehens machen (was ihm laut Ross einen Platz in den Geschichtsbüchern einbrachte), um wenigstens partiell seine Legitimation zu verteidigen. In vielen anderen Bereichen der Politik erwies er sich als ebenso konservativ und fortschrittsfeindlich wie seine Vorgänger ...; auch bezüglich der Menschenrechte und anderer innenpolitischer Problembereiche ... war sein Sexenio keinesfalls von Erfolg gekrönt.« Diese Einschätzung wird dann von den beiden Autoren auf 50 Buchseiten detailliert belegt.

nach wie vor einen lautstarken Anti-Freihandelskurs vertritt, die linksgerichtete PRD, hat erhebliche Stimmenverluste erlitten.[22]

Dessen ungeachtet verteilen sich die Vorteile von NAFTA sehr ungleich, wobei der Exportsektor den Löwenanteil erntet. Für die kleinen und mittleren Betriebe, in denen 90 Prozent der Arbeitskräfte ihren Lebensunterhalt verdienen, hat es wenig gebracht. Sie haben auf Grund der fortgesetzten Bankenkrise keinen Zugang zu Krediten, darüber hinaus hat sich die geografische Kluft des Landes vertieft: Der prosperierende Norden - mit seinen Fabriken und riesigen exportorientierten landwirtschaftlichen Unternehmen - hat sich noch weiter von dem verarmten ländlichen Süden entfernt.

Zwar bestand der frühere US-Präsident Bill Clinton auf Zusatzabkommen über Arbeits- und Umweltrecht, doch Klauseln über soziale oder Menschenrechte als Vorbedingung, um Vertragspartei zu werden (so wie es die Charta der Europäischen Union vorsieht), enthält NAFTA nicht. Auch gibt es innerhalb NAFTA keine Bewegungsfreiheit für Arbeitende über die nationalen Grenzen hinweg, ein Problem, das die bilateralen Beziehungen dauerhaft belastet.

Präsident Fox träumt davon, die Freihandelsregion in einen tatsächlichen gemeinsamen Markt mit einer Entwicklungsbank und Bewegungsfreiheit für die Arbeitskräfte über die Grenzen hinweg zu transformieren. Aber obwohl der neue US-Präsident George W. Bush Sympathie für die Einwanderungswünsche Mexikos bekundete - und wahrscheinlich eine Art erweitertes Gastarbeiterprogramm für Mexikaner bewilligen wird - Bewegungsfreiheit ähnlich wie in der Europäischen Union hat keine realistischen Aussichten, solange die Ein-

---

22 Solange man der Mehrheit des Wahlvolkes erfolgreich suggerieren kann, dass mit dem Neoliberalismus das Ende der Geschichte erreicht sei und dass der Freihandel Segen bringt, obwohl die nackten, aber schwer zu findenden Zahlen das Gegenteil belegen, solange wird sich am Charakter der Wahlergebnisse wohl auch künftig nichts ändern. Ganz abgesehen von den internen Problemen der PRD im speziellen und den Problemen sozialistischer bzw. sozialdemokratischer Parteien im Allgemeinen.

kommensunterschiede zwischen den beiden Ländern so groß bleiben, wie sie jetzt sind.[23]

Motoren der Wirtschaft

Die Triebkräfte der mexikanischen Wirtschaft sind Energie- und Exportproduktion, Bank- und Finanzwesen, Tourismus, Landwirtschaft und der informelle Sektor (den Drogenhandel eingeschlossen).

Die Erdölgewinnung bleibt das Herzstück der Wirtschaft. Etwa die Hälfte des täglichen Ausstoßes von 3 Millionen Barrel geht in den Export, nahezu 80 Prozent davon in die USA. Während Öl früher beim Export dominierte, hat es heute einen sinkenden, obwohl bedeutsamen Anteil an den Einkünften des Landes. Pemex jedoch, das fünftgrößte Erdölunternehmen der Welt, hat mit der Entwicklung dieses Industriezweiges nicht Schritt gehalten, und die derzeit noch vorhandene Stärke des Ölsektors ist durch fehlende Investitionen bedroht - das Unternehmen wird von der Regierung als melkende Kuh benutzt - zwei Drittel der Gewinne gehen als Steuern an den Staat.

Obwohl sich Washington seit Inkrafttreten von NAFTA für die Privatisierung von Pemex eingesetzt hat, konnte Mexiko (bislang - Anm. d. Übs.) widerstehen. Die Privatisierung dieses Industriezweiges ist ein heißes Eisen und würde eine Verfassungsänderung erfordern, was zu nationalistischen Rückschlägen führen könnte. Selbst Vicente Fox, der diese Idee zu Beginn seines Wahlkampfes favorisiert hatte, musste sich darauf beschränken, das Unternehmen lediglich reorganisieren zu wollen, um es wettbewerbsfähiger zu machen. Doch selbst die Reorganisation dieses ineffizienten Kolosses von 130.000 MitarbeiterInnen, dessen Geschichte von Korruption und

23 Was es denn mit der Bewegungsfreiheit in der Europäischen Union auf sich hat, wird uns (und John Ross) demnächst vorgeführt werden, wenn im Zuge der »EU-Osterweiterung« die Barrieren für die Warenströme fallen, vor allem von West nach Ost, und die Barrieren für die Migrantenströme (im Ergebnis der »Strukturanpassungen«) erhalten bleiben.

Umweltverschmutzung durchzogen ist, stellt eine erhebliche Herausforderung dar.[24]

Die Ölproduktion fällt unter die Hoheit des Energieministeriums, dem auch die Bundeselektrizitätskommission (CFE) untersteht, die 90 Prozent des Stroms von Mexiko erzeugt. Die Stromindustrie des Landes ist mit einer akuten Verknappung sowohl an Generatorenkapazität als auch an Erdgasversorgung (zur Umwandlung in Strom) konfrontiert. Um mit der Nachfrage Schritt zu halten, muss Mexiko seine Gasproduktion innerhalb der nächsten 7 Jahre verdoppeln und zugleich eine ganze Reihe von mit Gasturbinen bestückten Generatorenstationen errichten, so die Einschätzung von George Baker, dem Direktor der Firma Mexico Energy Intelligence, in einem in Houston erscheinenden industriellen Nachrichtenblatt. Es wird erwartet, dass dafür im Laufe des nächsten Jahrzehnts 25 Milliarden US-Dollar in den Sektor der Stromindustrie investiert werden müssen und weitere 50 Milliarden in die Erkundung und Produktion von Erdgas - astronomische Summen für ein Land, dessen jährlicher Staatshaushalt sich auf nur 120 Milliarden Dollar beläuft.

Pemex hat ein Notprogramm zur Ausdehnung der Erdgasbohrungen etabliert, aber es sieht so aus, als wenn die gesteckten Ziele bei weitem nicht erreicht würden. Die von der Fox-Regierung favorisierte Alternative - die Beseitigung des Gasmonopols von Pemex und seine Öffnung für Auslandsinvestitionen erfordert eine Verfassungsänderung. Ebenso ist die Öffnung des Stromsektors für ausländische Investoren, ein weiteres Projekt, mit dem die Fox-Regierung liebäugelt, auf eine entsprechende Verfassungsänderung angewiesen.

---

24 Die gesammelten Resultate von 14 Jahren globalem Neoliberalismus dürften mehr als ausreichen, um zu belegen, dass die Privatisierung von Staatsunternehmen in der Regel weder zu mehr Wohlstand in der Bevölkerung noch zu weniger Korruption oder zu einer Verbesserung des Umweltschutzes führen. Damit soll die Ross'sche Einschätzung zu Pemex nicht bezweifelt werden, aber dass Fox seinen diesbezüglichen Privatisierungsauftrag bislang nicht richtig durchsetzen konnte, ist sicher kein Verlust.

Training zur Akkordarbeit - im *Maquiladora*-Ausbildungszentrum. (Foto: DoritSiemers)

Bei der heftigen Opposition gegen diesen Schritt im Kongress wird dies keine leichte Aufgabe.[25]

Die *Maquiladora*-Industrie der meist in Grenznähe befindlichen ausländischen Teilfertigungsfabriken (30 Prozent der Produktionsstätten gehören jedoch Mexikanern) haben den größten Anteil am Außenhandelsumsatz. Die ersten Maquiladoras wurden 1965 geschaffen, um Arbeitsmöglichkeiten für Mexikaner zu schaffen, die von dem gekürzten »*Bracero*« US-Gastarbeiterprogramm zurückkehrten. Doch schon damals wurden die »Maqs« als Antwort der Amerikaner auf die Montageunternehmen der asiatischen »Tiger« im Ausland gesehen. Nach der Abwertung des Peso 1982 kam diese Industrie so richtig in Gang, weil mit der Peso-Abwertung die mexika-

25 Dass - ungeachtet der in Mexiko existierenden und perspektivischen Energieversorgungsprobleme - eine Privatisierung der Stromversorgung in all jenen Ländern der Welt, wo dies bis jetzt durchgesetzt wurde, ein Desaster für die Verbraucher darstellte, wird eindrucksvoll von Greg Palast (2003) beschrieben.

nischen Löhne zu den niedrigsten in den entwickelteren lateinamerikanischen Ländern wurden.

Die ersten Maquiladoras basierten auf sehr einfachen Arbeitsgängen, z.B. der Sortierung von Coupons. Heute werden in diesen Fabriken z.T. Komponenten für US-Waffensysteme hergestellt. Rund 3.700 Maquiladoras erstrecken sich entlang der Nordgrenze von Tijuana bis Matamoros und beschäftigen 1,3 Millionen Arbeiter. US-Firmen, die oftmals unter anderem Namen operieren, dominieren im Maquiladora-Sektor, wo Unternehmen wie General Electric oder Zenith Dutzende von Fabriken betreiben. Japanische und koreanische Montageunternehmen beteiligen sich am Maquila-Geschäft und beanspruchen in den Industrieparks von Tijuana und Ciudad Juárez ein Drittel der Fläche.

In der Vor-NAFTA-Zeit wurden die Teile aus den USA über die Grenze verfrachtet, zusammengebaut und für den durch die Montagearbeit erzeugten Wertzuwachs minimal besteuert (daher »Maquila«

Maquliadoras: außen hübsch und innen die Hölle. (Foto: Gerd Schmitt)

oder »Zollerheber«), bevor sie in die USA zurückgeschickt wurden. Maquila-Produkte kamen in Mexiko nicht auf den Markt, und nur ein winziger Prozentsatz von Material mexikanischer Herkunft kam zum Einsatz. Aber diese Industrie platzt aus den Nähten und quillt aus den Enklaven an der Nordgrenze, wo die Fabriken drei Jahrzehnte lang eingepfercht waren, und die Definition dessen, was eine Maquiladora ist, wird zunehmend unschärfer.

Die mexikanische Autoindustrie, Nutznießer von 30 Milliarden Dollar Investitionen seit NAFTA, hat ihre Produktion in den letzten 5 Jahren verdoppelt und hat, was die Lieferung von Autoteilen für den US-Markt betrifft, Kanada und Japan überholt. Vier Fünftel der Produktion werden in die USA exportiert.

Dieser Sektor, der in Mexiko seit den 50er Jahren existiert, basiert auf einer Kette von Teilfertigungsfabriken in den nördlichen Bundesstaaten Chihuahua und Coahuila (das den Spitznamen »Klein-Detroit« trägt). General Motors hat über 50 Fabriken in Mexiko, wo alles produziert wird - von Motorteilen bis zu ganzen Autos. Ford, mit High-Tech-Fabriken in Hermosillo, Sonora, hat ganze Produktionslinien nach Mexiko transferiert. Daimler Chrysler stellt den populären PT Cruiser ausschließlich in Toluca vor den Toren von Mexiko-Stadt her und befindet sich in Nachbarschaft zu General Motors, Nissan, BMW und Volvo. Volkswagen-Mexiko ist der alleinige Produzent des neuen und des alten Käfers in seiner riesigen Produktionsstätte in Puebla und ist der größte Exporteur dieses Bundesstaates. Arbeiter der Autoindustrie sind besser ausgebildet und werden besser bezahlt als andere (Monatslöhne bis zu 600 Dollar im Vergleich zu 200 Dollar bei Arbeitern der Maquiladoras), und das Wachstum der Nachfrage bei den örtlichen Lieferanten bedeutet, dass der ökonomische Gewinn breiter verteilt wird.

Auslandsinvestitionen beginnen, auch in andere Wirtschaftszweige zu fließen. Guadalajara ist zu einem Zentrum der Computerherstellung geworden. Firmen wie Flextronics, IBM, Hewlett-Packard und Xerox besiedeln Jalisco, den Bundesstaat, in dem sich Gudalajara befindet. Giganten der Herstellung von Mobiltelefonen wie Motorola und Nokia haben Produktionsstätten in Puebla. Mexiko produziert inzwischen 98 Prozent aller nordamerikanischen Fernsehgeräte.

Der Banken- und Finanzsektor, der in den Salinas-Jahren eine ökonomische Triebkraft war, wurde von der 1995er Wirtschaftskrise stark betroffen. Im Jahr 1991 privatisierte der damalige Präsident Salinas 18 Banken und deregulierte die Industrie. Das Bankengeschäft stand während der Peso-Krise Ende 1994 kurz vor dem Kollaps und das Einspringen der öffentlichen Hand zur Rettung des Sektors kostete die mexikanischen Steuerzahler 100 Milliarden Dollar, was 20% des Bruttoinlandsprodukts entspricht. Schließlich wurden die meisten Banken an ausländische Finanzinstitute verkauft, darunter Inverlat an Kanadas Scotiabank, Serfin an Santander aus Spanien, Bancomer an BBVA und Banamex an die Citigroup. Mitte 2001 befanden sich rund 80 Prozent des mexikanischen Bankvermögens in ausländischen Händen.

Selbst heute noch zögern die Banken bei der Vergabe von Krediten und bevorzugen es, ihr Geld mit Staatsanleihen und kurzzeitigen Aktienkäufen zu verdienen. Im Ergebnis haben die meisten Mexikaner keinen Zugang zu Bankkrediten oder irgendeiner anderen regulären Form der Geldaufnahme. Stattdessen greifen sie auf ein informelles System nachbarschaftlichen Sparens zurück, das unter dem Namen *Tanda* bekannt ist: Verschiedene Leute legen ihre Ersparnisse über einen gewissen Zeitraum zusammen und ziehen Lose, um abwechselnd Geld abheben zu können. Diese Praxis wurde inzwischen durch Firmen institutionalisiert, die sich auf *Autofin* (Selbstfinanzierung) spezialisieren; sie haben eine Lizenz von der Regierung, um so Kredite für den Erwerb von Wohneigentum und Autos zu vergeben.

Tourismus ist die drittwichtigste Devisenquelle (Rücksendung von Geld durch in den USA arbeitende Mexikaner an ihre Familien rangiert auf Platz 4).[26] Mexiko wird jährlich von 7 Millionen Touristen

---

26 Die Zahl der von der mexikanischen Zentralbank erfassten *remesas* (Geldrücksendungen) belief sich im Jahr 2003 auf 13,26 Mrd. US$. Der Tourismus als Devisenquelle rangiert inzwischen deutlich dahinter. Auch Direktinvestitionen (2003:11 Mrd. US$) blieben deutlich hinter den *remesas* zurück, wobei nicht unrealistisch ist, eine tatsächliche *remesas*-Summe von 20 Mrd. US$ anzunehmen. Laut einer Untersu-

besucht. Die meisten kommen aus den USA. Oft werden die Urlauber, die im voraus bezahlt haben, in pazifische oder karibische Enklaven eingeflogen, in internationalen Hotelketten untergebracht und haben keinerlei Kontakt mit dem wirklichen Mexiko. Doch die Realität ist niemals weit entfernt - in der Nähe von 15 touristischen Megaprojekten sind Elendsquartiere entstanden, die von der verarmten Landbevölkerung in Hoffnung auf Jobs als Tagelöhner oder Zimmermädchen bewohnt werden.

Megaprojekte werden bisweilen in Uferregionen errichtet, von denen die Bewohner vertrieben wurden, und die Gebäudekomplexe gefährden die empfindliche tropische Umwelt. Zugleich werden sie als ökologisch verträglich gepriesen werden, weil Tourismus eine »Industrie ohne Schornsteine« sei.

Im informellen Sektor sind legaler und illegaler Handel vereint, verbunden durch die Unfähigkeit der mexikanischen Regierung, Umsatzsteuer zu erheben. Es ist schwierig, den Umfang des informellen Sektors zu quantifizieren - die Studie einer mexikanischen Hochschule schätzt, dass 25 bis 38 Prozent des Bruttoinlandprodukts vom informellen Sektor erzeugt werden, in dem ein Viertel der arbeitsfähigen Bevölkerung Mexikos beschäftigt ist.

Mexikos Städte sind von ganzen Armeen von Straßenhändlern besetzt. Die Invasion ist zeitlos: Nachbildungen von Tenochtitlán im nationalen anthropologischen Museum zeigen *Ambulantes*, die ihre Waren genau dort verhökern, wo sich heute der *Zócalo* befindet. Straßenverkauf ist ein großes Geschäft. Die *Ambulantes* sind in territorialen Gruppen organisiert, die um die besten Plätze und Lizenzen kämpfen und zum eigenen Schutz ihre Stimmen den politischen Parteien versprechen, traditionell der PRI. Dass heute die mexikanischen Straßen vor Händlern überquellen, liegt daran, dass im for-

---

chung empfangen 18% der erwachsenen Bevölkerung regelmäßig Geld von ihren migrierten Familienangehörigen, im Durchschnitt 250 US$ pro Monat. Einer in der Stadt León (Bundesstaat Guanajuato) durchgeführten Studie zufolge wurden 77% der *remesas* zum Kauf von Lebensmitteln verwendet (Gerold Schmidt, junge Welt v. 16.02. 2004).

mellen Sektor nicht genügend Arbeitsplätze zur Verfügung stehen. Die Wirtschaft müsste ein 7%iges Wachstum haben, um allein jener Million junger Menschen einen Job bieten zu können, die jedes Jahr das arbeitsfähige Alter erreichen.

Trotz ihres Daseins im Schatten gibt es in der Untergrund-Ökonomie eine ähnliche soziale Hierarchie wie im formalen Sektor. Die unterste Schicht wird von Straßenjungen gebildet, die *Chicles* (Kaugummi) an den Straßenkreuzungen verkaufen. ›Mikrounternehmer‹ der Mittelschicht betreiben z.B. inoffizielle Frisörgeschäfte. Die Könige der *Fayuca* (Schmuggelware, die LKW-weise herbeigeschafft wird) beherrschen die Straßen der rauen Innenstadtbezirke wie z.B. von Tepito.

Die wahren Könige des informellen Sektors von Mexiko sind jedoch die Drogenbarone, die durch den Rauschgifthandel mit den USA jährlich zwischen 5 und 30 Milliarden Dollar verdienen. Produktion und Transport der Drogen werden von 14 regional definierten Kartellen kontrolliert, die die Polizeistrukturen tief infiltriert haben. Eines der notorischsten und gewalttätigsten Kartelle ist das der Arellano Felix Brüder von Tijuana.

Mexikos Drogenproduktion begann während des 2. Weltkrieges im Culiacán-Tal in Sinaloa, als es den US-Pharma-Firmen nicht möglich war, Opium zur Morphiumherstellung aus dem Fernen Osten zu beziehen. Deshalb schlossen sie Verträge mit Bauern dieser Gegend ab, die auf legaler Basis Schlafmohn anbauten. Als sich die Pharmakonzerne zurückzogen, hinterließen sie ein ausgebildetes Korps von *Gomeros*, die Heroin als braunen bzw. schwarzen Teer produzierten, mit dem der Südosten der USA versorgt wurde. Zusammen mit dem traditionellen Marihuana-Anbau im »Goldenen Dreieck« von Durango, Chihuahua und Sinaloa eröffneten die nordwärts gerichteten Heroin-Routen tatendurstigen Bauernjungen die Möglichkeit, zu mächtigen Drogenbaronen aufzusteigen. Als die kolumbianischen Kartelle in den frühen 80er Jahren durch verstärkte Drogenbekämpfung seitens der USA ihre karibischen Routen verloren und deshalb ihre Transportwege nach Mexiko verlagerten, schlossen sie mit der Mafia von Sinaloa Verträge ab, um ihre Drogen weiterhin in die USA schleusen zu können, und die beiden wurden schließlich gleichwertige Handelspartner. Laut der DEA (Drug Enforcement Agency, US-Drogenbekämpfungsbehörde) erreichen 70 Prozent allen Kokains den US-Markt über Mexiko.

Drogenbarone wie Rafael Caro Quintero und der alte Amado Carillo sind Legenden mit ihren eigenen *Corridos* (Balladen), in denen ihre Heldentaten besungen werden. Aber diese Männer streben nach Legitimität und investieren ihren Profit in legale Geschäfte wie die Baubranche und das Hotelwesen. So wie die Bedeutung des Drogengeldes in der Wirtschaft wächst, so wächst der politische Einfluss der Drogenbarone und die Korruption bei den Regierungsangestellten, die sich inzwischen mit der von Kolumbien messen kann.

Kunst und Kultur

›Hohe‹ und ›niedrige‹ Kunst

Am Tag der Toten (2. November) kreieren viele mexikanische Familien kunstvolle Hausaltare, die mit Erinnerungsstücken der Verstorbenen, mit Cempachutl(Ringelblumen)-Girlanden, schablonenbemaltem Papier *(Papel picado),* zerbrechlich modellierten Schädeln aus Zuckerwatte sowie traditionellem Essen und Trinken wie Truthahn-*mole* dekoriert sind. Die Tag-der-Toten-Altare werden heutzutage in Museen der ganzen Welt gezeigt und von Kennern volkstümlicher Kunst gesammelt. Aber den *Dia de los Muertos* zu feiern, erfordert auch, das Nahua-Ritual zu leben, das jedes Jahr erneuert wird, wenn Millionen von Mexikanern zu den Grabstätten ihrer Verwandten fahren, um das traditionelle Fest am Grab zu feiern.

Die Umzüge am Tag der Toten vermischen ›hohe‹ Kunst und ›populäre‹ Kultur auf einzigartige mexikanische Weise. Populismus ist in der mexikanischen Kunst eine Strömung, die aus der Zeit der mexikanischen Revolution stammt und bis heute überlebt hat. Der berühmteste mexikanische Maler des 20. Jh., Diego Rivera, betrachtete seine Wandgemälde als Volkskunst, mit der er die Geschichte für die analphabetischen Massen illustrierte. Heute werden seine Arbeiten und die von seiner Frau, Frida Kahlo, fieberhaft von Sammlern gesucht, die bereit sind, Millionen Dollar für die Gemälde auszugeben.

Die ›hohe‹ Kunst erhält ihren Segen durch das Staatliche Institut der Schönen Künste. Der *Bellas Artes*-Palast am Rande des historischen Zentrums von Mexiko-Stadt zeigt die heroischen Wandmalereien von Rivera, David Alfaro Siquieros, José Clemente Orozcó und die des unpolitischen Rufino Tamayo, dessen Erdfarben seine oaxakenische Herkunft reflektieren. *Bellas Artes* beherbergt auch das *Ballet Folklórico de México.*

Die ›Höhe‹ der Kunst wird durch ihren Marktwert definiert. Von Mexikos reichsten Familien wird neben den Meistern des 20. Jh. auch koloniale Kunst gesammelt. Der Schwarzmarkt mit Artefakten aus den kolonialen Kirchen blüht ebenso wie der Handel mit Gegenständen aus der präkolumbianischen Zeit. Dem mexikanischen Gesetz zufolge sind solche Arbeiten nationales Eigentum und sollten im Nationalen Institut für Anthropologie und Geschichte (INAH) aufbewahrt werden.

Kunst wird durch ein großzügiges System staatlicher Zuschüsse gefördert, mit denen Kunstpreise, Ausstellungen, Buchverträge, Stipendien für Künstler und Schriftsteller und Reisebeihilfen für Studien im Ausland finanziert werden. Sehr oft werden diese Mittel von ›Mafias‹ bzw. Cliquen wichtiger Autoren, Künstler und Intellektueller kontrolliert und verteilt. Der mexikanische Poet Octavio Paz, der 1998 starb, war ein solcher ›kultureller Caudillo‹, dessen Dunstkreis das Literaturjournal *Vuelta* (das es inzwischen nicht mehr gibt) einschloss. Paz war das ultimative Beispiel des mexikanischen Intellektuellen als öffentliche Person - er äußerte sich regelmäßig zu politischen Ereignissen, seine Meinung war bei Präsidenten und Kabinettsmitgliedern gefragt, seine vielseitigen Interessen reichten von der Geburtenkontrolle über die Religion bis zur Wahlreform. Als er 1968 das Amt des mexikanischen Botschafters in Indien aus Protest gegen das Massaker von Tlatelolco niederlegte, wurde die Saat einer Kultur der intellektuellen Dissidenz gelegt, die eine ganze Generation unabhängiger Journalisten und Schriftsteller inspirierte.

Aber diese Tradition des ›öffentlichen Intellektuellen‹ europäischen Stils ist im pluralistischen Mexiko von heute im Verschwinden begriffen. Tatsächlich gibt es nur einige wenige, heute noch lebende Autoren von der Größe eines Octavio Paz, die diese Tradition aufrechterhalten. Sein Protegé, der Historiker Enrique Krauze, ist einer dieser wenigen. Krauzes literarisches und zeitgeschichtliches Magazin *Letras Libres* ist ein hoch angesehenes Publikationsorgan, ebenso wie seine Dokumentarserie über die mexikanische Geschichte und Gesellschaft, *México Nuevo Siglo*. Der Novellist Carlos Fuentes ist ein weiterer, obwohl sein Einfluss dadurch limitiert ist, dass er teils in Mexiko und teils im Ausland lebt.

Traditionell wurde die Kultur in Mexiko von staatlichen Institutionen geformt und geführt. Das trifft heute noch genau so zu wie in den Jahren nach der Revolution, als die neuen Führer des Landes darauf aus waren, öffentliche Kunst zu schaffen, die ihre Herrschaft glorifizierte und legitimierte - wie die Wandgemälde von Diego Rivera.

Auf Bundesebene fließen Fördermittel für die Kultur durch Körperschaften wie den Nationalen Rat für Kultur und Kunst (Conaculta), den Nationalen Kulturfond (Fonca), das Institut der Schönen Künste (Bellas Artes) und die Staatliche Stiftung Fondo de Cultura Económica, das größte Verlagshaus Lateinamerikas.[27]

Auf lokaler Ebene ist die Zahl der Förderinstitutionen vielgestaltig: Stadt, Staat, lokale Regierungen sowie die meisten großen Universitäten, alle haben sie ihre Abteilung der *Difusión cultural* (kulturelle Verbreitung). Die wichtigsten gehören zur nationalen autonomen Universität von Mexiko (UNAM) und zur Stadtregierung von Mexiko-City.

In wachsendem Maße treten private Gruppen wie die Fundación Pascual auf, und, gekoppelt mit einer zunehmenden Unabhängigkeit der mexikanischen Medien, löst sich der Griff der alten ›Mafias‹ etwas.

Urbane Popkultur

Die Popkultur erfährt ihre Billigung durch die Zuschauermenge, die sie anzieht und die hauptsächlich aus der *Clase popular* (Arbeiterklasse) kommt. Ein Spitzenalbum mit *Corridos* (Balladen) oder Ranchero-Musik (vergleichbar der Country- und Westernmusik) kann sich durchaus millionenfach verkaufen. Im Gegensatz dazu hat die literarische Novelle eines etablierten mexikanischen Autors typischerweise eine Auflagenhöhe von höchstens 5.000 Exemplaren.

Die populärste Literaturform ist die *Historieta*, unverkennbare Comic-Bücher in Taschenbuchgröße, die zu Hunderttausenden von Lesern aus der Arbeiterklasse verschlungen werden. Millionen Mexi-

---

27 Auch vor dem Kulturbetrieb Mexikos machen die Privatisierungsbestrebungen der Fox-Regierung nicht halt. So ist in einer Meldung von Poonal (Nr. 601 vom 2.12.2003; http://www.npla.de/poonal/archiv.html) von einem »radikalen Abbau der staatlichen Kulturförderung« die Rede.

kaner erlernten das Lesen durch *Historietas*, die oft in Alphabetisierungskampagnen der Regierung verwendet wurden. Zu einem früheren Höhepunkt, Anfang der 80er Jahre, hatte die mexikanische Comic-Buch-Industrie eine Leserschaft von bis zu 26 Millionen Lesern - über ein Drittel der Bevölkerung zu jener Zeit.

Grotesk, grell, obszön, brutal und oftmals unsagbar sentimental offenbaren die *Historietas* von heute in kaum verhüllter Weise die dunkleren Seiten der nationalen Psyche. Frauen werden ausnahmslos als vollbusige, sexhungrige skandinavische Schönheiten dargestellt, Männer häufiger als Komiker, Opfer ihres *Machismo,* ihrer Brutalität und ihrer Unfähigkeit. Intrigen, Verrat, Sexualverbrechen sind ebenso Themen der *Historietas* wie Detektiv- und Cowboygeschichten. Die Heiligkeit der Familie und die Heilige Jungfrau gehören zu den Grundthemen der *Historieta*-Welt.

Lucha libre (professionelles Wrestling) war ursprünglich ein US-amerikanischer Import der 30er Jahre. Aber die mexikanische Kultur hat diese Sportart grundlegend verändert und sie zu einem der favorisierten Unterhaltungsereignisse des Landes gemacht. Ihre Popularität wird durch die Karriere von Rodolfo Guzman illustriert, den Millionen als *El Santo* (den Heiligen) kannten. Als Superheld, Matinee-Idol und Mysterium (er nahm in der Öffentlichkeit nie seine charakteristische silberne Maske ab) war er der Star von Comic-Büchern und Dutzenden von Billigfilmen mit Titeln wie *Santo gegen Dracula* und *Santo und das Haus des Todes*.

Die Verwendung von Masken durch die mexikanischen Wrestler, um ihre Identität zu verbergen, erinnert an die Kostüme der aztekischen Krieger und an die christlichen Heiligen und dient als Metapher für ein Mexiko, das sein wahres Gesicht gegenüber der äußeren Welt verbirgt. Amerikanischen Wrestlern, die zu Gast sind, wird fast immer die Rolle der *Rudos* (Bösewichte) verpasst und sie werden stets von ihren mexikanischen Gegnern besiegt - in symbolischer Revanche für eine Geschichte nationaler Erniedrigung durch die Gringos. Der populärste der ausländischen Wrestler des letzten Jahrzehnts war Ian Hodgkinson, ein ehemaliger Bouncer von Thunder Bay, Ontario, der unter dem Pseudonym *El Vampiro Canadiense* (Der Kanadische Vampir) kämpfte.

Fernsehen ist das einflussreichste Medium der Massenkultur in Mexiko, und das beliebteste Genre im Fernsehen sind die *Telenovelas* (Seifenopern). Diese Melodramen werden bei beiden nationalen Fernsehsendern, Televisa und TV Azteca, in Massenproduktion gefertigt. Im Unterschied zu US-amerikanischen Serien dauern *Telenovelas* nur eine einzige Saison - normalerweise 6 Monate - und basieren auf einer strukturierten Geschichte mit Anfang, Mitte und Ende.

Die mexikanische Hauptsendezeit, die sich grob als die Zeit zwischen 16.00 und 22.00 Uhr definieren lässt, ist von Anfang bis Ende mit *Telenovelas* gepflastert, jede davon auf ein spezifisches Zuschauerprofil zugeschnitten: Kinder, Teenager, Hausfrauen, Werktätige mit Berufsabschluss und Familien. Dessen ungeachtet gehören die meisten Zuschauer zur Arbeiterklasse und benutzen die von den *Telenovelas* gebotenen Aschenputtel-Phantasien als Gegengift für die Langeweile und Hoffnungslosigkeit ihres Alltags.

Die zentrale Bedeutung der *Telenovelas* in der mexikanischen Alltagskultur kann kaum überschätzt werden. Mit 25 Millionen Zuschauern bei einem *Novela*-Hit bringen diese den Löwenanteil der Einnahmen für die Sendeanstalten. *Telenovela*-Schauspieler befinden sich im Zentrum des mexikanischen ›Sternenhimmels‹, wo Musik, Film, Theater, Zeitschriften und Multimediaprodukte durch ein nahtloses Netz von Cross-Promotions miteinander verbunden sind. Die Telenovela ist Mexikos Hollywood und die Grundlage für die Anbetung von Filmstars.

Tanzen ist ebenfalls ein fester Bestandteil der mexikanischen Alltagskultur. Von Kindesbeinen an werden Tänze wie *Cumbia, Merengue* und *Salsa* bei Familienfeiern erlernt. Von Erwachsenen werden sie entweder in einem altmodischen *Salon de Baile* (Tanzsalon) oder im moderneren *Antro* (Tanzclub) praktiziert. Die meisten großen Städte Mexikos sind mit Tanzschulen übersät, wo alles unterrichtet wird von Cha-cha-cha bis Swing im amerikanischen Stil. Viele Restaurants haben Live-Bands und eine Tanzfläche.

Die Filme des beliebten Taugenichts Cantinflas sind ein weiteres Highlight der mexikanischen Alltagskultur. Selbst die seriösesten Stars der mexikanischen Filmindustrie, welche ihre Blütezeit in den

40er und 50er Jahren hatten, Berühmtheiten wie z.B. María Félix und Pedro Infante, stellten singende Cowboys und einfache Bauern dar. In diesem Prozess wurde die Gestalt des *Mariachi*-Musikers in eine lebende Ikone der mexikanischen Kultur verwandelt. Die Mariachi-Musiker trifft man auch heute noch auf der Plaza Garibaldi in Mexiko-Stadt, wo sie in Gruppen darauf warten, für *Fiestas* oder romantische Serenaden angeheuert zu werden.

Wie Professor Anne Rubenstein von der York-Universität in Toronto schrieb, gaben die Mexikaner der wachsenden Zahl von Billigfilmen, die nach den 50er Jahren produziert wurden, den Namen *Churros,* in Bezugnahme auf das maschinenproduzierte stangenförmige Fettgebäck, das an jeder Straßenecke verkauft wird - süß und schmackhaft, aber schnell vergessen und definitiv nicht nahrhaft. Es waren Filme, die auf Modetänzen basierten wie dem Cha-cha-cha oder auf populären Charakteren wie der LKW-Fahrerin *Lola la trailera* und *La India Maria* (Maria die Indianerin), einem unschuldigen, aber weisen Mädchen, dass die schmierigen Stadtgangster ihrer gerechten Strafe zuführt, ferner auf Comic-Buch-Charakteren wie *Kaliman, el Hombre increible* (Kaliman, der unglaubliche Mann).

Mit dem mexikanischen Kino ging es in der 70er und 80er Jahren bergab, durch Filme, die die mexikanische Mittelschicht, welche zuvor den Löwenanteil der Zuschauer stellte, aus den Kinos vertrieb. Filmtheater wurden stillgelegt, die Eintrittspreise waren auf einem unrealistisch niedrigen Preisniveau eingefroren, und die Besitzer von Lichtspieltheatern hatten keinerlei Anreiz, neue Kinos zu bauen. Später, unter Präsident Carlos Salinas, wurde die Preisbindung für Eintrittskarten aufgehoben, und Ketten von Kinokomplexen im US-amerikanischen Stil schossen im ganzen Land wie Pilze aus dem Boden.

Die Filmproduktion erholte sich im letzten Jahrzehnt des 20. Jh., zum Teil gespeist durch Hollywoodproduktionen, die sich die niedrigen Aufnahmekosten in Mexiko zunutze machten. Dazu zählen unter anderem der Film *Titanic* und Baz Luhrmanns Neuproduktion von *Romeo und Julia*.

Außerdem gab es eine neue Generation mexikanischer Regisseure. Mit der Unterstützung des staatlichen mexikanischen Instituts für

Kinematographie (Imcine) entstanden Filme, die Mexiko als Land von Independent-Filmen wieder Bedeutung verlieh. Werke wie *Santitos* (Kleine Heilige), die bissige politische Satire *La Ley de Herodes* (Herodes Gesetz), die Schlafzimmerkomödie *Sexo, pudor y lagrimas* (Sex, Charme und Tränen) und der von der Kritik gelobte *Amores Perros* (Die Liebe des Rohlings) zeigten, dass die mexikanische Filmindustrie in der Lage war, das Publikum der Mittelschicht mit klugen ausgereiften Produktionen, die besser waren als Hollywoodfilme, in die Kinos zurückzuholen.

Der Zusammenstoß zwischen der Alltagskultur und den Schönen Künsten berührt jeden Aspekt der mexikanischen Kunst. Die von der Kritik hoch gepriesenen Fotografen wie Manuel Alvarez Bravo oder Nacho López, schufen elegante Portraits vom pulsierenden Straßenleben des Landes. Selbst die mexikanische Kochkunst verbirgt ihre Wurzeln nicht. Scheiben vom Nopal-Kaktus und schokoladengepuderte *moles*, Gerichte der armen Landbevölkerung Mexikos, werden heutzutage in Weltklasse-Menüs angeboten. Laura Esquivels Buch und Film *Like Water for Chocolate* feiert den Ruhm der mexikanischen Küche.

Das Nationale Museum für Anthropologie ist ein materieller Beweis dafür, wie Mexiko von der Vergangenheit fasziniert ist. Aber die prächtigen Ausstellungsstücke dokumentieren eine tote, archivierte Version der indigenen Kulturen, die in Wirklichkeit nach wie vor von intensiver Lebendigkeit ist. Die Nahua-Altare zum Tag der Toten, die brillanten Kleidungsstücke der Maya, die Töpferkunst der Purépechas, die Musik der Mijes und die Tänze der Raramuri in der Karwoche, alles erhalten, bereichert und von Generation zu Generation weitergegeben, dürften tatsächlich Mexikos höchste und dauerhafteste Form der Kunst sein.

Das Wort

Am Anfang gab es die Kodizes der Mexica und der Maya, komplexe Serien von Piktogrammen, die, in Büchern niedergelegt, jeden Aspekt ihrer Zivilisation beschrieben. Die meisten wurden von spanischen Moralisten, wie Bischof Landa von Mérida, zerstört, der die Kodizes als Werk des Teufels bezeichnete und sie im Jahr 1556 auf dem Scheiterhaufen der Inquisition verbrannte. Die prophetischen Maya-Texte Popul Vuh und Chilam Balam, die die orale Tradition der Maya bewahrten, blieben von den Flammen verschont.

Weiter nördlich im Tal von Mexiko repräsentiert die mächtige Stimme des Dichtergottes von Texcoco, Nezahualcoyotl, die voreuropäische Vergangenheit. Seine Verse, die von Miguel León-Portillo in wunderbarer Weise übersetzt wurden, sind die ältesten heute noch existierenden Fragmente präkolumbianischer Poesie.

Die erste bedeutsame Poetengestalt nach der *Conquista* war Sor Juana Ines de la Cruz (1651-95), eine Nonne, die passionierte erotische Poesie schrieb, welche nach wie vor zu den Glanzstücken der spanischen Literatur des 17. Jh. zählt.

Die mexikanische Poesie reflektiert, ähnlich wie die Plastikkunst, zugleich das Alltägliche und das Erlesene. Straßenpoeten betteln um Münzen, indem sie Verse in der U-Bahn von Mexiko-Stadt rezitieren, und im östlichen Mexiko werden Wettbewerbe in der Huapango-Musik-Tradition für schnellzüngige Versemacher veranstaltet. Am oberen Ende des Spektrums befinden sich die klaren präzisen Zeilen des Nobelpreisträgers Octavio Paz, die zu den herausragenden Werken des 20. Jh. gehören.

Mexiko-Stadt hat eine lebhafte Literaturszene, die auf den amerikanischen Kontinenten nur noch von Bueno Aires erreicht wird, mit nächtlichen Präsentationen in Veranstaltungsstätten wie dem San-Angel-Kulturzentrum und einer riesigen jährlichen Buchmesse - eine kulturelle Ironie in einem Land, in dem Analphabetentum nach wie vor verbreitet ist.

Weder Paz noch der experimentierfreudigere Carlos Fuentes werden als die besten Prosadichter betrachtet. Diese Ehre gebührt dem magischen Realisten Juan Rulfo, der vor seinem Tod 1986 das Werk *Pedro Páramo* vollendete, eine Geistergeschichte von Tod und Verlust, die in einer verlassenen imaginären Gegend von Jalisco angesiedelt ist und einen Schlüsselbeitrag Mexikos zum lateinamerikanischen Literaturboom darstellt. Paz, dessen *Labyrinth der Einsamkeit* (1952, dt. 1974) die mexikanische Psyche analysierte, war der Patriarch der *Belles Lettres* der Nation. Der mehrfach ausgewanderte Fuentes, der von dem US-amerikanischen Schriftsteller William Faulkner beeinflusst wurde, steht politisch links und wurde von dem konservativen Historiker Enrique Krauze als »Guerilla-Dandy« bezeichnet.

Jüngere mexikanische Autoren fühlen sich weniger von den Themen der Geschichte, Folklore und der nationaler Selbstfindung angezogen, die die früheren Generationen inspirierten. Jorge Volpi, einer der meistbewunderten jungen Schriftsteller des heutigen Mexiko, wurde in den späten 90er Jahren mit *En Busca de Klingsor* (Auf der Suche nach Klingsor) berühmt, einer Novelle über Deutschland und die Entwicklung der Atombombe. Ignacio Padilla, Juan Villoro und Daniel Sada sind weitere Vertreter dieses neuen, mehr kosmopolitischen Literaturtrends.

Die heute meistgelesenen Sachbuchautoren sind Carlos Monsiváis, ein Chronist des urbanen Lebens der mexikanischen Gesellschaft, Elena Poniatowska, deren dokumentarische Collagen jenen ohne Stimme eine Stimme verleiht, und Paco Ignacio Taibo II, ein linker Autor von *policiacas* (Kriminalgeschichten). Alle drei schreiben für *La Jornada*, eine seit 15 Jahren bestehende linke, landesweite Tageszeitung.

Das Wort wird über die an allen Straßenecken befindlichen Zeitungskioske verbreitet. Allein in Mexiko-Stadt erscheinen täglich nahezu 30 Zeitungen, und in anderen Städten werden ein Dutzend weitere herausgegeben.

Während der PRI-Herrschaft gab es keine offensichtliche Zensur, aber die Regierung hatte eine Vielzahl subtiler Wege der Kontrolle darüber, was gedruckt werden durfte. Der Haupthebel der Kontrolle war ein finanzieller. Die meisten Zeitungen lebten von Regierungsanzeigen und den *sobres* (Briefumschläge mit Geld), die den Reportern dafür ausgehändigt wurden, dass sie einen führenden Politiker oder Geschäftsmann glorifizierten. *Gacetillas*, bezahlte politische Artikel, gaben vor, echte Nachrichten zu sein, und porträtierten ihre Geldgeber in schmeichelhaftem Licht. Journalisten durften Reklame in Kommission verkaufen. Außerdem hielt die Regierung die Herausgeber unter Kontrolle, indem sie die Verteilung der Druckerzeugnisse beherrschte. Die Zeitungskioske wurden von einer PRI-Gewerkschaft kontrolliert und lehnten es ab, Publikationen zu verkaufen, die als regierungsfeindlich eingestuft wurden.

In den 90er Jahren erfolgte eine schrittweise Lockerung der Medienkontrolle, Zeitungen und Journalisten wurden zunehmend unabhängig. Die führende Zeitung der demokratischen Periode Mexikos ist *Reforma*, Teil eines Medienimperiums, zu dem auch *El Norte* in Monterrey und *Mural* in Guadalajara gehören. Mit ihrer investigativen Berichterstattung und ihrem distanzierten Verhältnis zu den Machthabern hat sich das Unternehmen den Zorn der PRI-Präsidenten von Jose López Portillo bis Ernesto Zedillo zugezogen. Im Jahr 1982 musste der Herausgeber, Alejandro Junco de la Vega, mit seiner Familie nach Texas fliehen, nachdem in seiner Zeitung kritische Schlagzeilen über das Staatsoberhaupt erschienen waren.

Journalisten dieser Zeitung - die jüngsten und bestbezahlten im Zeitungsgeschäft Mexikos - dürfen weder Bestechungsgelder annehmen noch Reklame verkaufen. Nachdem die Zeitungskioske es ablehnten, die *Reforma* zu führen, musste das Unternehmen sein Vertriebssystem von Grund auf neu schaffen. Das Zeitungsunternehmen gründete eine eigene Meinungsumfrageabteilung und die Ergebnisse der monatlichen Umfragen gehören zu den verlässlichsten Indikatoren der Stimmung im Lande.

Trotz der Zahl der Zeitungen ist - im Vergleich zu Europa und den USA - die Zahl der Zeitungsleser minimal, insgesamt sind es knapp eine Million. *La Prensa* - ein Sensationsblatt, das sich auf *Notas rojas* (Sex-and-Crime Stories) spezialisiert hat, ist der Bestseller unter den Zeitungen des Landes und behauptet, 400.000 Exemplare zu verkaufen. Die O'Farrell-Familie gibt zwei landesweite Zeitungen (einschließlich der englischsprachigen *News*) heraus, dominiert die Zeitschriftenregale und produziert in diesem Sektor alles, von *Historietas* bis zur mexikanischen Ausgabe von *Vogue*.

Die angesehensten Zeitschriften sind Enrique Krauzes elegant aufgemachte *Letras Libres*, der hochmütige *Nexos*, der populäre und lesbare *Milenio* und der einsichtsvolle, mit chronischen Finanzproblemen behaftete *Proceso*, eine Wochenzeitschrift, die keine Regierungsanzeigen publiziert. Die entscheidenden Medien in Mexiko sind jedoch elektronisch. Radio und Fernsehen sind die Primärquelle für Nachrichten und Informationen im Lande. Millionen Mexikaner hören »Talkradio« mit seinen laut tönenden Sprechern, der vulgären Sprache des *Albur* (sexuelle Zweideutigkeiten) und Witzen, die sich an Unverschämtheit gegenseitig übertreffen.[28]

Das Fernsehangebot wird von der riesigen Televisa dominiert, die auf 40 Mio. Zuschauer verweist und 4 von 5 nationalen Programmen sowie Hunderte von Regionalstationen (von denen die Programme wiederholt werden) betreibt. Das Unternehmen wurde 1948 von Emilio Azcárraga gegründet, einem leidenschaftlichen PRI-Unterstützer, dessen Loyalität mit lukrativen Sendemonopolen belohnt wurde. Televisa war eine der Hauptstützen der PRI-Herrschaft und sendete eine nicht enden wollende Zahl an Nachrichten, die die Regierungspolitik in ein gutes Licht rückten und die Opposition entweder ignorierte oder brandmarkte. Nachdem die alte herrschende Partei ihre Macht verloren hatte, begann der Sender mit einer zunehmend fairen und ausgewogenen Berichterstattung.

Televisas Hauptkonkurrent ist TV Azteca, ein früher staatlicher Sender, der Mitte der 90er Jahre privatisiert wurde. Der neue Sender machte sich einen Namen mit hochwertigen, realistischen Telenovelas, die früher tabuisierte Themen behandelten - wie *Nada Personal* (Nichts Persönliches), in der die offizielle Korruption und die Verfilzung zwischen Staat und Drogenhändlern unverhüllt dargestellt

28 Etwas ganz anderes als das beschriebene *Talkradio* gibt es im Süden Mexikos: Im Einflussbereich der Zapatistas strahlt der UKW-Sender *Radio Insurgente, La voz de los sin voz* (Die Stimme der Stimmlosen), der vor wenigen Jahren sehr bescheiden begann, sein Programm inzwischen 12 Stunden pro Tag aus. Und das nicht nur auf Spanisch, sondern auch in der indigenen Hauptsprache der jeweiligen Region, also auf Chol im Norden von Chiapas, auf Tzozil im Hochland und auf Tzeltal in der Selva Lacandona. Dieser Kanal ist damit für eine ganze Region, die ansonsten einer medialen Wüste gleicht, ein einzigartiges Fenster zur Welt (vgl. Azellini, 2004; auch entsprechende Beiträge in den *Lateinamerikanachrichten* Nr. 355 vom Januar 2004 bzw. in der Wochenzeitschrift *Freitag* Nr. 49 vom 28.11.2003; http://www.freitag.de).

wird, sowie *Mirada de mujer* (Der starre Blick der Frau), mit den Themen Ehebruch und weibliche Sexualität. So wurde nach und nach ein gebildetes Publikum der Mittelklasse von einem Genre angezogen, das zuvor weitestgehend die Domäne der Arbeiterklasse war.

Rockmusik drang kurz nach ihrer Entstehung vom anglo-amerikanischen Ursprungsgebiet aus in die mexikanische Musikkultur ein und erlangte bald einen beträchtlichen Einfluss. Die frühesten mexikanischen Gruppen sangen nicht nur auf englisch, in Nachahmung ihrer Idole, *Beatles* und *Doors*, gaben sie sich auch englische Namen - wie *Three Souls on my Mind*, eine der wenigen Bands aus dieser Periode, die es heute noch gibt, obwohl sie sich mittlerweile in *El Tri* umbenannt hat. Dem mexikanischen Establishment war Rockmusik verhasst. Die Linke betrachtete sie als kulturellen Imperialismus, während die Rechte in ihr die Bedrohung von moralischen Werten, Traditionen und der Familie sah. Der offiziellen Musikergewerkschaft gefiel die Konkurrenz nicht, und die Regierung war misstrauisch gegenüber jeder Kulturform, die sie nicht für ihre eigenen politischen Zwecke manipulieren konnte. Die öffentliche Verbrennung von Elvis-Platten auf dem *Zócalo* Ende der 50er Jahre war symptomatisch für die offizielle Einstellung.

Diese Anti-Rock-Kräfte vereinigten sich im September 1971, als das Avándaro-Musik-Festival - eine mexikanische Version von Woodstock, das erste seiner Art in Lateinamerika - durch die Behörden abgebrochen wurde. Das war der Beginn einer Kampagne der offiziellen Unterdrückung von Rockmusik, die länger als ein Jahrzehnt andauerte. In dieser Zeit wurden die Bands in den Untergrund gedrängt und spielten in so genannten *Hoyos funkis* (wörtlich Funk-Löchern) - in der Regel gemietete Lagerhäuser. Vor der Liberalisierung der mexikanischen Wirtschaft durch Salinas hatte selbst der gebürtige Mexikaner Carlos Santana Auftrittsverbot in der Hauptstadt. Doch Ende der 80er Jahre spielten die Bands wieder öffentlich und neue Gruppen wie *Maldita Vencindad, Santa Sabina* und *Caifanes* (jetzt als *Jaguares* bekannt) wurden gegründet. Radiosender, die sich einst scheuten, Rock in spanischer Sprache zu senden, griffen das Konzept des *Rock en tu Idioma* (Rock in deiner Muttersprache) auf und stellten mexikanischen Bands Sendezeit zur Verfügung. Die großen nationalen Plattenfirmen gaben der neuen Musikrichtung ihren Segen, indem sie massenhaft Verträge mit *rock en espanol*-Bands abschlossen. Gruppen wie *Café Tacuba* und die Sängerin und Komponistin Julieta Venegas haben eine große Gefolgschaft außerhalb von Mexiko, wo ihre Fusion aus mexikanischen Folk-Traditionen und modernem Rock einen spezifischen Sound geschaffen hat. Aber mexikanischer Rock hat seine rauhe antiautoritäre Schärfe behalten, und kein Gedenken an das Massaker von Tlatelolco oder ein Zapatista-Fundraiser findet ohne ein Konzert statt.[29] Seine spirituelle Heimat hat der mexikanischen Rock auf *El Chopo,* einem Open-Air Tausch- und Flohmarkt, der jeden Samstag in der Nähe der verlassenen Buenavista-Bahnstation im Zentrum von Mexiko stattfindet.

»So dicht bei den Vereinigten Staaten ...«

Über 3000 km gemeinsamer Grenze erinnern die Vereinigten Staaten von Mexiko daran, wie ausgedehnt ihre Beziehungen zu den Vereinigten Staaten von Amerika sind. Der Schatten der USA berührt nahezu jeden Aspekt des mexikanischen Lebens - von US-amerikanischen Fast-Food-Ketten über die riesigen Kaufhäuser, die über das Land verteilt sind, die Hip-Hop-Musik, die aus ungezählten Radios dröhnt, die Hollywoodfilme, die in den Filmpalästen dominieren, bis zu dem subtilen und weniger subtilen Druck, den Washington auf jedes Thema nationaler Bedeutung ausübt. Mexikaner lehnen alles ab, was ihnen von außen vorgeschrieben wird - selbst die Sommerzeit wird von vielen als eine ungerechtfertigte ausländische Zumutung betrachtet.[30]

---

29 Zu den bekanntesten pro-zapatistischen Bands gehören u.a. *Los de Abajo* und *Panteón Rococo* (http://www.panteonrococo.com/). Letztere touren seit mehreren Jahren jeden Sommer durch die BRD, so auch wieder in 2004.

30 In den von den Zapatistas kontrollierten autonomen Gebiete wird im Sommer zwischen der »Tiempo natural« (nach der sich die Zapatisten richten) und der »Tiempo de Fox« unterschieden.

Die Hassliebe zwischen Mexiko und den USA beruht auf dem 1848er Vertrag von Guadalupe Hidalgo und dem wiederholten Vordringen von Gringo-Truppen auf mexikanisches Territorium. Umgekehrt wurden sowohl der mexikanische Unabhängigkeitskampf als auch die Revolution von 1910 durch die Ideale der US-amerikanischen Revolution inspiriert. Selbst der offizielle Name des Landes - die Vereinigten Staaten von Mexiko - ist ein Ausdruck der Bestrebungen, das Beste der amerikanischen Erfahrungen zu absorbieren.

Mit Blick auf den nördlichen Nachbarn beneiden viele Mexikaner die USA um die Prosperität ihrer Wirtschaft, die Effektivität und Ehrlichkeit ihrer Bürokratie, die Toleranz und Freiheit ihrer Bürger und die unbegrenzte Energie der Bevölkerung.[31]

Zugleich sind sie hinsichtlich des Überlebens ihrer eigenen Kultur besorgt. Mexiko ist ein überwiegend junges Land (die Hälfte der Population ist jünger als 25), und die Marotten, das Essen und die Mode, die sich aus den USA nach Süden ergießen, lassen die alten Sitten und Gebräuche schnell irrelevant erscheinen. Die Kräfte der Globalisierung haben diesem Prozess eine neue Dynamik verliehen.

Gleichzeitig ermöglichte diese Entwicklung einen Fluss in die entgegengesetzte Richtung: eine Blüte mexikanischer Kultur jenseits des Rio Grande.

Mexikanische Filme, Fernsehen, Musik, Internetseiten und Multimediaprodukte erreichen das Publikum in den USA wie nie zuvor. Das kulturelle und politische Bewusstsein der 20,6 Mio. zählenden mexikanischen Diaspora in den Vereinigten Staaten ist am Erstarken, und sie repräsentieren schon jetzt die größte ethnische Gruppe in Kalifornien, Texas und anderen Staaten des Südwestens.

---

31 In Bezug auf die »unbegrenzte Energie der Bevölkerung« (der USA) äußerte ein US-amerikanischer Bekannter des Herausgebers eine gegenteilige Ansicht, nämlich dass die »unbegrenzte Energie« weitaus häufiger bei den mexikanischen Migranten zu finden sei, die inzwischen - legal oder illegal - einen Großteil der Arbeitskräfte im Baugewerbe und im landwirtschaftlichen Sektor in Kalifornien, New Mexico, Arizona; Texas, Colorado und Arkansas stellen.

Spanisch ist im Begriff, die inoffizielle Zweitsprache des Landes zu werden.[32]

Die Sorge, dass die mexikanische Kultur in einer Welle der Amerikanisierung ertrinken wird, ist mit hoher Wahrscheinlichkeit übertrieben. Die mexikanische Zivilisation erstreckt sich über drei Jahrtausende und beginnt gerade das vierte. Bislang ist es immer gelungen zu widerstehen und die kulturellen Invasionen aus dem Norden zu absorbieren. Der Zusammenstoß zwischen der jungen aufdringlichen Konsumkultur der USA und einem Mexiko mit einer so schwergewichtigen Vergangenheit wird den künftigen Generationen dieser Nation einen deutlichen Stempel aufdrücken.

---

32 Wenn davon die Rede ist, dass die mexikanische Diaspora schon jetzt die größte *ethnische* Gruppe in bestimmten Teilen der USA sei, sollte nicht außer Acht gelassen werden, dass Mexiko selbst ein multiethnisches Land ist (so auch im vorliegenden Buch gewürdigt) und dass die Indigenas aufgrund ihrer sozialen Misere unter den Migranten überproportional vertreten sind. Insofern stellt sich die Frage nach der Homogenität der ›ethnischen‹ Gruppe der Chicanos.

Reiseziele

Für jene, die nach Mexiko auf dem Landwege kommend die nördliche Grenze überqueren, wird die Umstellung besonders abrupt sein - oft wird gesagt, dies sei die einzige Landgrenze zwischen der ›Ersten‹ und der ›Dritten‹ Welt dieses Planeten. Die kürzeste Strecke (von den USA aus) verläuft von Matamoros am Golf nach Mexiko-Stadt, das man auf diese Weise in knapp 24 Stunden erreicht. Doch die Fahrt von Nuevo Laredo oder Ciudad Juárez durch die Wüste von Chihuahua ist ebenso reizvoll. Sie kann aber ausgesprochen gefährlich sein, wenn man die Pazifikküste von Nogales aus wählt (Zugunglücke, *Bandidos* und korrupte Polizisten).

Die Fahrt mit dem Bus (reserviere einen Fensterplatz, soweit weg von den Fernsehbildschirmen, die inzwischen fast alle Buslinien erobert haben, wie möglich) oder dem Zug (problematischer) macht dich mit zwei Welten bekannt - der drinnen und der draußen. Die Gastfreundschaft und Lebensfreude ist legendär - du triffst Leute, an die du dich ein Leben lang erinnern wirst (schreib dir die Namen und Telefonnummern auf und füge sie deinem Mexiko-Netzwerk hinzu). Neben spektakulären Aussichten hast du die Möglichkeit, die heimische Küche zu probieren (versuche den Ziegengulasch *Birria* in San Luis Potosí), erstaunliche neue Slang-Ausdrücke zu lernen und die soziale und politische Landschaft, die du durchfährst, zu erkunden (kauf unterwegs Zeitungen für aktuelle Hinweise).

Schließlich kommst du in Mexiko-Stadt an und mit Glück und immer währender Wachsamkeit hast du sogar noch all deine Gepäckstücke beieinander. Wenn Geschichte dein Geschmack ist, wird das *Centro histórico* dich sättigen. Hotels aller Klassen von extremem Luxus bis zu reinen Flohkisten säumen jene Straßen, die vom großen flachen *Zócalo*-Quadrat wegführen. Wähle eines, nach dem Dir der Sinn steht, und erweitere deinen Radius Stück für Stück, indem Du dich mit der Metro und von deinen Füßen durch die Stadt treiben lässt.

Das Museum des Tempels der Plaza Mayor an der Nord-Ost-Ecke des Zócalo ist als Startpunkt besser geeignet als das gigantische Anthropologische Museum draußen im Park von Chapultepec. Wenn du einmal draußen bist, halte dich nordwärts auf der Argentina-Straße, bis du den Diebesmarkt von Tepito erreichst (halt dein Portemonnaie fest), dann wende dich nach Süden Richtung La Merced, dem größten Lebensmittelmarkt von ganz Lateinamerika.

In Mexiko geht die Macht von faszinierenden Punkten aus: von der Sonnenpyramide von Teotihuacán (nimm den Bus von der Metrostation *Indios Verdes*) und von *Los Pinos*, der Präsidentenvilla am Constituyentes-Ende des Parks (hermetisch abgeriegelt); vom *Palacio Legislativo,* der Mexikanischen Abgeordnetenkammer, östlich von La Merced, sowie vom Nationalpalast (mit den berühmten Wandmalereien von Rivera) der den *Zócalo* säumt. Andere Plätze mit Licht und Schatten sind der Hügel von Tepeyac, wo die Jungfrau von Guadalupe das erste »Mexikanische Wunder« vollbrachte und der sich am nördlichen Rand der Stadt befindet, die schwimmenden Gärten von Xochimilco ganz im Süden von Mexiko-Stadt; das *Panteón Dolores*, dem ausgedehnten Friedhof im Westen von Chapultepec (besonders interessant am 1./2. November, dem Tag der Toten, obwohl man die prunkvollsten Darbietungen in Misquic im Stadtteil Tlahuac zu sehen bekommt).

Wer mehr vom Kolonialstil Mexikos sehen will, sollte einen Abstecher nach Morelia machen, sechs Stunden außerhalb von Mexiko im Bundesstaat Michoacán. Um eines der spektakulärsten Ereignisse zu sehen, sollte man Ende Oktober/Anfang November dorthin fahren, um Millionen. wandernder Monarchen-Schmetterlinge zu sehen, die das El Rosario Monarchen-Schmetterlings-Schutzgebiet, wenige Stunden von Morelia entfernt, wie einen Teppich bedecken.

Setze Deine Reise südwärts fort, durch das Cuautla-Tal von Morelia, und schreib dich ins Gästebuch des Hauses und Museums von Emiliano Zapata in Anenecuilco ein. Nimm einen der Bummelzüge nach Puebla hinter den Vulkanen oder begib dich stattdessen nach *tierra caliente* durch Guerrero und schieb einen Besuch bei Iztcateopan (nahe Taxco) ein, wo die Gebeine des Herrschers Cuauhtémoc unter dem Altar der Stadtkirche gezeigt werden (die Priester hielten sie Jahrhunderte lang versteckt). Mache eine Zick-Zack-Tour entlang der »Costa Chica« südlich von Acapulco in die Afro-Zone beiderseits der Grenze zwischen Oaxaca und Guerrero.

Vergiss nicht, in Oaxaca anzuhalten, dessen prächtige vielfarbige Kolonialarchitektur dich ins 16. Jahrhundert zurückversetzen wird. Als eines der Zentren der indigenen Kultur ist es gut geeignet, um die lebhaften Märkte zu besuchen, der Mischung von alten Sprachen zu lauschen und nach lokalem Kunsthandwerk sowie den aus Holz geschnitzten, bemalten *Animalitos* Ausschau zu halten. Wenn es dein Magen verträgt, kannst du auch die lokale Spezialität versuchen, nämlich *Chapulines,* (geröstete Grashüpfer). Für die weniger Tapferen gibt es die leckeren Suppen von *Flor de Calabaza, Quesillo* (der gesalzene Streifenkäse von Oaxaca) und unzählige Varianten von *Mole.* Von Oaxaca sind es nur 101 Kilometer bis zum Tlacolula-Tal, wo die Mixteken- und Zapoteken-Kulturen seit ihrem Beginn im 7. Jh. vor unserer Zeitrechnung blühten. Die atemberaubende zapotekische Kulturstätte Monte Albán, die sich, umgeben von Bergen, auf einem Hochplateau befindet, sollte nicht verpasst werden. Gleichermaßen lohnt sich ein Besuch von Mitla, wo die Steine der zerstörten Tempel verwendet wurden, um die Kolonialkirche von San Pablo zu bauen. Die winzigen, über das Tal verstreuten Dörfer bieten einen sonst selten möglichen Blick auf den alten traditionellen Lebensstil.

Schnapp dir einen Bus und fahr zur Pazifikküste von Oaxaca, wo es noch kleine Fischerdörfer und ungestörte Strände gibt. Schlaf in *Palapas* (mit Palmenwedeln gedeckte Schutzhütten) entlang der weißen Strände bis hinunter nach Tehuantepec. Die Dörfer am Strand, wie Puerto Angel, Zipolite, Ventanilla und Mazunte sind bislang noch nahezu von Touristen verschont geblieben. Mazunte hat mit Ökotourismus angefangen, und dort befindet sich das Centro Mexicano de la Tortuga, ein Museum, das versucht, durch Forschung und Züchtung die Schildkrötenpopulation zu erhalten. Die *Laguna Manialtepec*, eine von Mangroven umgebene Süßwasserlagune, die Hunderte von Vogel- und Pflanzenarten beherbergt, befindet sich ebenfalls in der Nähe.

Jene, die den Zug nach Puebla gewählt haben, sollten der Spur von Cortés hinab zur Karibik folgen und dabei die schneebedeckten Gipfel des Orizaba und Malinche zur Linken und zur Rechten nicht übersehen. Der Hafen von Veracruz ist nach wie vor in Betrieb - sieh zu, dass du das *Café de la Parroquia* findest, wo es den besten *Café con Leche* von ganz Mexiko gibt. Rechtzeitig zur Dämmerung, wenn die Sonne im Meer versinkt, begeben sich Paare zum eleganten *Danzón*.

Sowohl die pazifische wie auch die karibische Route wird dich zu den Maya bringen, und sie treffen sich in der Stadt San Cristóbal de las Casas, dem Juwelen im Hochland von Chiapas. Von dort ist es nicht weit bis zum lakandonischen Urwald und der Region der zapatistischen Rebellion (es kann passieren, dass die staatlichen Behörden hart gegen Ausländer vorgehen, die die autonomen Gemeinden besuchen wollen, manchmal werden die Leute aus Mexiko deportiert - es empfiehlt sich, zur aktuellen Situation Erkundigungen einzuholen). Nicht weit entfernt sind die sensationellen Maya-Ruinen von Palenque. Reise weiter nach Nordosten entlang der *Ruta de los Mayas*

An der *Ruta Maya* gelegen - die Ruinen von Palenque. (Foto: Gerd Schmitt)

und vermeide die zahlreich aufgestellten Touristenfallen. Uxmal ist weniger überfüllt als Chichén-Itzá. Die von Mauern umgebene Piratenstadt Campeche liegt ebenso abseits von den Touristenpfaden wie Motul, nördlich von Mérida an der Spitze von Yucatán, wo die Vergangenheit der Mayas in der Sprache und Kultur weiterlebt.

Halte bei deinen Reisen immer nach Dingen Ausschau, die verloren gegangen sind oder die in Gefahr sind, verloren zu gehen: die alte Art, Dinge zu tun, verschwindende Arten, Wälder und Sprachen, die Kunst und der Traum. Lass niemals eine Fiesta aus. Verschließe dich nicht dem Offensichtlichen, der Armut, den frappierenden Klassenunterschieden, der Korruption und der Gewalt, die allzu oft die Oberfläche der mexikanischen Gesellschaft durchbrechen.

Reisen ist eine zweiseitige Angelegenheit. Wir nehmen viel mehr mit nach Hause als wir in unseren Rucksäcken oder Koffern transportieren. Mexiko gibt dir Erinnerungen, Düfte, Wahrnehmungen und Weisheit. Du wirst immer wieder kommen.

Das *Canyon Sumidero* - eine weitere Touristenattraktion in Chiapas. (Foto: Gerd Schmitt)

Zahlen und Fakten

Geographie

Offizieller Name: Estados Unidos de México

Lage: Nördlichste lateinamerikanische Republik, Nordgrenze zu den USA (3.119 km von der Grenzmarkierung Nr. 258 in Tijuana nach Osten bis zum Golf von Mexiko), Südgrenze zu Belize und Guatemala. Zwischen 14 Grad 30' und 32 Grad 30' nördlicher Breite und 87 Grad und 117 Grad westlicher Länge gelegen. Westküste am Golf von Kalifornien und dem Pazifischen Ozean, Ostküste am Golf von Mexiko und dem Karibischen Meer. Landfläche 1.967.183 qkm (entspricht der Fläche von Frankreich, Spanien, Großbritannien, Deutschland und Italien zusammengenommen), damit das drittgrößte lateinamerikanische Land (nach Brasilien und Argentinien) und auf Rang 14 weltweit (zugleich ist Mexiko viel kleiner als seine NAFTA-Partner USA = 9.312.614 qkm und Kanada = 9.976.129 qkm).

Verwaltungsstruktur: 31 Staaten und der Bundesdistrikt (D.F., Mexiko-Stadt), Hauptstadt: Mexiko-Stadt - 8.605.239 Einwohner (Zählung vom Jahr 2000), aber die Gesamtbevölkerung des Hauptstadtbereichs beläuft sich auf nahezu 20 Mio.. Weitere Großstädte: Guadalajara (1,6 Mio.), Nezahualcotl (Teil des Großstadtbereiches von Mexiko-Stadt, 1,3 Mio.), Monterrey (1,1 Mio.), Puebla (1,1 Mio.).

Infrastruktur: Es gibt 307.142 km Straße (94.235 km gepflastert), auf denen 12 Mio. registrierte Fahrzeuge fahren (davon 3,8 Mio. in D.F.), Mexiko hat 26.443 km Schienen und 76 Seehäfen, 13,6 Mio. Telefone, von denen sich 8,5 Mio. in privaten Haushalten befinden.

Oberflächenprofil und Landschaft: Höchste Gipfel sind der Citlaltepetl (Orizaba, 5.610 m), Popocatepetl (5.500 m), Iztaccihuatl (5.200 m), Toluca Nevada (4.680 m), Matlalcueyatl (Malinche, 4.200 m). Mexiko hat 16 aktive Vulkane. Die längsten Flüsse sind der Balsas im Westen (771 km), der Lerma (Zentral-Mexiko, 551 km) und der Grijalba (am Isthmus, 433 km). Ein System von Seen mit dem

Chapala (1.080 qkm), dem Pátzcuaro und dem Cuitzeo befindet sich in Zentral-West-Mexiko. Die Waldfläche beträgt 66 Mio. Hektar (34% der Landfläche). Die landwirtschaftliche Nutzfläche beträgt 108 Mio. Hektar, 28% der Landfläche gelten als ›trocken‹ und 20,8% als ›sehr trocken‹. Tabasco (1.686 mm Niederschlag jährlich) und Chiapas (1.256 mm) sind die feuchtesten Staaten der Mexikanischen Union.

Bevölkerung

Der Zensus aus dem Jahr 2000 nennt eine Bevölkerungszahl von 97.483.412 (Platz 11 in der Welt); davon sind 47.592.253 Männer und 49.891.159 Frauen. 38,3% Prozent der Bevölkerung sind unter 15 Jahre alt. Die Durchschnittsfamilie hat 2,5 Kinder. Die Bevölkerungsdichte beträgt 45,6 Einwohner pro qkm, am höchsten in D.F. (5.494 pro qkm) und am niedrigsten in Baja California Sur (4 pro qkm). Am schnellsten wächst die Bevölkerung im Bundesstaat Mexiko (9,8 Mio.), aber auch in Quintana Roo und Baja California Norte, wo sich die Einwohnerzahl seit 1970 ebenfalls verdreifacht hat. Das nationale Bevölkerungswachstum liegt bei 1,9 Prozent (1990-2000). Die Bevölkerung ist gleichmäßig zwischen Land und Stadt verteilt, d.h. 25,4% der Mexikaner wohnen in Orten mit weniger als 2.500 Einwohnern und 26,4% in Städten mit über 500.000 Einwohnern. Die übrige Bevölkerung wohnt zu 13,7% in halb ländlichen Städten (zwischen 2.500 und 15.000 Einwohner), 13,6% in Gemeinden zwischen 15.000 und 100.000 Einwohnern und 21% in Städten zwischen 100.000 und 500.000 Einwohnern.

Gesundheit: Die Lebenserwartung liegt bei 71,7 Jahren (Männer 68,7 und Frauen 74,9 Jahre). Die Kindersterblichkeit ist von 0,93% im Jahr 1960 auf 0,25% im Jahr 2000 gefallen, jedoch beträgt die Kindersterblichkeit im Segment der 20% Reichsten 0,13%, während sie im Segment der 20% Ärmsten mit 0,52% viermal so hoch lag. Acht Millionen Kinder gelten als mangelernährt. Pro 100.000 Einwohner gab es im Jahr 2000 im Durchschnitt 120 Ärzte, 191 Krankenschwestern und 77,5 Krankenhausbetten. Im Jahr 1999 starben ca. 4.200 Menschen an Aids.

Bildung: In Jahr 2000 betrug die Analphabetenrate der über 15-jährigen 9,5% (Männer 7,4%, Frauen 11,3%). Im gleichen Jahr besuchten 92,3% der Population zwischen 4 und 14 Jahren eine Schule; dessen ungeachtet waren 28,2% der Bevölkerung über 15 Jahre ohne abgeschlossene Schulbildung, d.h. sie hatten die Grundschule nicht abgeschlossen. Die über 15-jährigen konnten im Jahr 2000 auf durchschnittlich 7,6 Schuljahre verweisen, während es im Jahre 1990 durchschnittlich 6,6 Schuljahre waren. Es gibt jedoch eine große Kluft im Schulbesuch zwischen Reichen und Armen. Mitte der 90er Jahre hatten die Kinder der 10% Ärmsten im Schnitt nur 2,1 Schuljahre, während die Kinder der 10% Reichsten auf 12,1 Schuljahre verweisen konnten.

Armutsstatistik: Laut Berechnungen der Weltbank von 1996 leben 28,6% der Mexikaner in Armut, 8,2% in extremer Armut (6,1% im Jahr 1980). Der Mindestlohn in einer mexikanischen Stadt entspricht ca. 4 US-Dollar pro Tag, wobei die Regierungsstatistik darauf hinweist, dass ein Drittel der erwerbstätigen Bevölkerung weniger als den Mindestlohn verdient. Der Bericht der Weltbank von 1996 besagt, dass 25% der Mexikaner weniger als 2 US-Dollar äquivalent pro Tag verdienen und 17% weniger als 1 US-Dollar pro Tag.

Indigene Bevölkerung: Wenn die Sprache als Kriterium zugrunde gelegt wird, beträgt der Anteil der (über 5-jährigen) indigenen Bevölkerung, an der Gesamtbevölkerung 7,1%, (6.044.547 Menschen wurden im Jahr 2000 als solche identifiziert, die eine indigene Sprache benutzen). Von der indigen sprechenden Population benutzen 24% Náhuatl, 13,2% Maya, 7,2% Zapoteco und 7% sprechen Mixteco. Der Rest verteilt sich auf zahlreiche andere Sprachen.

Umwelt: In Mexiko sind 449 Säugerarten beheimatet (Platz 2 in der Weltrangliste), von denen 69 bedroht sind; 1.150 Vogelarten (Rang 11, 39 bedroht); 717 Reptilienarten (Rang 1, 18 bedroht) und 281 Amphibienarten (Rang 4, 4 Arten bedroht). Die Entwaldung schreitet rapide voran mit über 600.000 Hektar pro Jahr, wobei die jährliche Wiederaufforstung unter 60.000 Hektar pro Jahr liegt.

Makroökonomische Zahlen und Handel

Bruttoinlandsprodukt (BIP) im Jahr 2000 - 574,5 Mrd. US-Dollar (BIP pro Kopf der Bevölkerung - 5.810 US-Dollar). Durchschnittliche Wachstumsrate des BIP im Jahr 2000 - 4,3 Prozent im Vergleich zu rund Minus 7% im Jahr 1995. Die Zusammensetzung des BIP nach Sektoren war 4,4% Landwirtschaft, 28,4% Industrie, 24,7% Montage und 67,3% Dienstleistungen. Zwölftgrößte Volkswirtschaft weltweit und zweitgrößte in Lateinamerika (nach Brasilien). Im Jahr 2000 hatte Mexiko die neuntgrößten Rohölreserven der Welt (28,3 Milliarden Barrel) und war auf Platz 8 in der Rohölproduktion (3 Mio. Barrel pro Tag). Im Jahr 1998 lag Mexiko auf Rang 8 unter den Exporteuren von Autos und Autoteilen und war der drittgrößte Lieferant für die US-amerikanische Autoindustrie. Im Jahr 1999 exportierte Mexiko zum vierten Mal hintereinander mehr als 1 Million Fahrzeuge auf den Weltmarkt. Der Export von Autos und Autoteilen in die USA überstieg im Jahr 1999 24,2 Milliarden US-Dollar, und der Anteil Mexikos an den Gesamtimporten der US-amerikanischen Automobilindustrie stieg von 7,2% im Jahr 1993 auf 13% im Jahr 1999.

Im Jahr 1998 waren 38,6 Mio. Menschen als beschäftigt registriert, davon 20,2% in der Landwirtschaft, 24,5% in der Industrie und 54,9% im Dienstleistungsbereich (der Rest nicht näher spezifiziert). Mexiko exportierte im Jahr 2000 Güter im Wert von 166,5 Milliarden US-Dollar, einschließlich der Maquiladora-Produktion. Mexikos Exporte bestanden zu 87,3% aus Montage-Produkten (von denen 47,7% aus den Maquiladoras kamen), 9,8% Öl und 2,5% landwirtschaftliche Produktion (der Rest unspezifiziert). Die Exporte gingen in erster Linie in die USA (88,6%) und nach Kanada (2%). Der Handel mit diesen beiden Ländern hat sich seit 1994 (dem Inkrafttreten von NAFTA) verdreifacht. Mexiko importierte im Jahr 2000 Güter im Wert von insgesamt 174,5 Milliarden US-Dollar, von denen 76,6% Zwischenprodukte waren, 13,8% importiertes Kapital und 9,6% Konsumgüter. Von den Importen wurden 35,4% für die Maquiladora-Industrie eingeführt. Die Importe erzeugten ein Handelsdefizit von 8 Milliarden US-Dollar.

Jährliche Auslandsinvestitionen (2000) - 12,5 Milliarden US-Dollar. Von diesen Investitionen gingen 7,6 % Milliarden in den industriellen Sektor, 2,9 Milliarden in den Dienstleistungsbereich, 1,7 Milliarden in den Handelssektor, 200 Mio. in den Bereich Bodenschätze und der Rest in die Landwirtschaft. 80% aller Auslandsinvestitionen werden durch die USA getätigt. Die gesamten Auslandsschulden (2000) beliefen sich auf 154,7 Milliarden US-Dollar (26,9% des BIP). Es wurden 11,5 Milliarden US-Dollar Schuldenzinsen gezahlt (2% des BIP). Der Schuldendienst insgesamt belief sich im Jahr 2000 auf 63 Milliarden US-Dollar (38% des Exportvolumens). Die Inflationsrate lag bei 9,5% (1990 betrug sie 26,7%). Die privaten Ersparnisse lagen bei 21,5% des BIP.

Öl: Mexiko verfügt mit ca. 28,3 Milliarden Barrel nach Venezuela über die zweitgrößten Ölreserven auf den amerikanischen Kontinenten. Mexiko liegt auf Platz 3 unter den Ölexporteuren. In der ersten Hälfte von 1990 war Mexiko der größte Rohöllieferant für die Vereinigten Staaten. Im Jahr 1999 erreichte die Erdölproduktion durchschnittlich 3,37 Mio. Barrel pro Tag, von denen ca. 2,9 Mio. Rohöl waren. Die Rohölproduktion fiel 1999 leicht im Vergleich zu 1998, nachdem sie 4 Jahre lang gestiegen war. Die mexikanische Ölindustrie ist eine wesentliche Einkommensquelle für die Regierung (ca. 40%). Die gesamten Ölexporte im Jahr 2000 lagen bei 1,5 Mio. Barrel pro Tag und brachten dem Staatshaushalt 10,4 Milliarden US-Dollar. Die wichtigsten Exportländer für mexikanisches Öl sind die USA, Spanien und Japan. Nach Erholung der Ölpreise hatten die Ölexporte im Jahr 2000 einen Anteil von 9,8% an den Gesamtexporten.

NAFTA: NAFTA führte zu einer Vergrößerung des Handelsvolumens zwischen Mexiko, Kanada und den Vereinigten Staaten. Während der ersten 7 NAFTA-Jahre hat sich der Handel Mexikos mit seinen Partnern verdreifacht und erreichte 275 Milliarden US-Dollar im Jahr 2000. Mexikos Exporte in die USA im Jahre 2000 betrugen das 2,5-fache von 1994. Seit 1994 wuchs der Handel zwischen den NAFTA-Partnern durchschnittlich um 11,8% pro Jahr. Die Vereinigten Staaten sind Mexikos wichtigste Auslandsinvestitionsquelle. Zwischen

1994 und 2000 haben US-Firmen über 40 Milliarden US-Dollar investiert, davon 59,3% in den Montagesektor, 20,5% in Dienstleistungen, 14,2% in den Handel und 4,3 % in Transport und Kommunikation und 1,7% in andere Sektoren. Kanada liegt auf Platz 5 unter den Auslandsinvestitionsquellen. Zwischen Januar 1994 und September 2000 investierten kanadische Firmen nahezu 2,8 Milliarden Dollar, 57,1% Prozent in den Montagesektor, 28,3% in den Dienstleistungsbereich, 9,1% in den Bergbau und 5% in den Handel. Dessen ungeachtet sagen Kritiker, dass die versprochenen Vorteile von NAFTA - mehr Arbeitsplätze, höhere Löhne, bessere Umweltstandards und verbesserte Gesundheitsbetreuung entlang der (Nord)Grenze - ausgeblieben sind. Darüber hinaus hat NAFTA die Ungleichheit in den Einkommen vergrößert. Besser bezahlte Stellen in der Montage wurden vielfach durch niedriger bezahlte Stellen ersetzt. Die industrielle Entwicklung konzentriert sich auf die nördlichen, dicht bei den USA gelegenen Bundesstaaten, wodurch die Kluft zum Süden vertieft wird. Laut Regierungsstatistiken verdient $^1/_3$ der arbeitenden Bevölkerung weniger als den Mindestlohn von offiziell 4 US-Dollar pro Tag. Die offiziellen Zahlen besagen, dass sich seit der Krise von 1994/95 die Einkommensverteilung verschlechtert hat.

Geschichte und Politik – einige Schlüsseldaten

*1325: Die Azteken besiedeln Zentralmexiko und gründen ihre Hauptstadt bei Tenochtitlán, dort, wo sich heute Mexiko-Stadt befindet

*1521: Der spanische *conquistador* Hernán Cortés erobert das Aztekenreich und initiiert die 300jährige spanische Herrschaft über Mexiko

*1810: Miguel Hidalgo y Costilla, ein Priester, erklärt die Unabhängigkeit Mexikos von Spanien, wird aber kurz danach gefangen genommen und hingerichtet

*1821: Konservative, von dem ehemaligen spanischen Offizier Agustín de Iturbide geführte Kräfte sichern die mexikanische Unabhängigkeit

*1834: Nach jahrelanger Besiedlung durch US-Einwanderer spaltet sich Texas von Mexiko ab, der mexikanische General Santa Ana kommt, um die Rebellion niederzuschlagen, stürmt die Missionsstation Alamo (bei San Antonio), wird aber anschließend von den rebellischen Texanern geschlagen; die USA annektieren Texas

*1846: Die USA erklären Mexiko den Krieg, gewinnen diesen und annektieren jene Teile von Mexiko, die heute die Bundesstaaten Kalifornien, Nevada, Arizona, New Mexiko, Utah und Colorado (teilweise) sind

*1860: Benito Juárez wird der erste indigene Präsident von Mexiko

*1863: Nach einem Streit über die Zahlung von Auslandsschulden schicken Spanien, Frankreich und Großbritannien Invasionstruppen und machen den Bruder des österreichischen Kaisers als Maximilian I. zum Kaiser von Mexiko

*1867: Juárez nimmt Maximilian I. gefangen und richtet ihn hin

*1876: General Porfirio Díaz erlangt die Macht und beginnt mit einer 35-jährigen Diktatur

*1910 bis 1917: Die blutige und chaotische mexikanische Revolution endet damit, dass Venustiano Carranza Präsident wird

*1919: Carranza lässt den Bauernführer Emiliano Zapata ermorden

*1929: Gründung der Nationalen Revolutionspartei (PNR), die später in PRI umbenannt wird und 70 Jahre später immer noch an der Macht ist

*1934: Lázaro Cárdenas wird Präsident, setzt grundlegende Landreformen durch und nationalisiert die Ölindustrie

*1954: Frauen erhalten das Wahlrecht

*1968: Kurz vor den olympischen Spielen ermordet die Regierung Hunderte linker demonstrierender Studenten bei einem Massaker am Platz von Tlatelolco

*1976: José López Portillo wird Präsident und nutzt die massenhaften Einkünfte aus der Ölindustrie sowie umfangreiche Auslandskredite, um eine Periode wirtschaftlichen Rekordwachstums zu finanzieren

*1982: Der Boom wird zum Flop, Mexiko kann seine Schulden nicht bezahlen und die lateinamerikanische Schuldenkrise wird ausgelöst

*1985: Zwischen 10.000 und 30.000 Menschen sterben, als Mexiko-City von einem dramatischen Erdbeben getroffen wird

*1988. Carlos Salinas schlägt das politische Schwergewicht Cuauhtémoc Cárdenas (Sohn von Lázaro), einen ehemaligen PRI-Politiker, in den durch Wahlfälschung gekennzeichneten Präsidentschaftswahlen, Cárdenas hatte sich von der PRI getrennt und die Nationale Demokratische Front gegründet - der erste ernsthafte Wahlgegner für die PRI seit Jahrzehnten

*1992: Mexiko, die USA und Kanada unterzeichnen das Nordamerikanische Freihandelsabkommen (NAFTA)

*1994: NAFTA tritt am Neujahrstag in Kraft, aber die Feierlichkeiten der Regierung werden durch einen indigenen Bauernaufstand im südlichen Bundesstaat Chiapas empfindlich gestört. Gruppen der bis dahin unbekannten Nationalen Zapatistischen Befreiungsarmee (EZLN) besetzen 6 Städte, bevor sie sich wieder in ihre Ausgangspositionen in den Bergen zurückziehen

*März 1994: Donaldo Colosio, der Präsidentschaftskandidat der PRI, wird in Tijuana ermordet, was den Beginn interner Spaltungen in der einstmals monolithischen herrschenden Partei markiert.

*August 1994: Der Ersatzkandidat für Colosio, Ernesto Zedillo, schlägt Cárdenas ohne Probleme in den Präsidentschaftswahlen

*Dezember 1994: Wenige Wochen nach Amtsantritt ist Zedillo gezwungen, den Peso abzuwerten, der daraus resultierende Exodus des ausländischen Kapitals stürzt Mexiko in eine ökonomische Krise

*1995: Trotz einer 50 Milliarden US-Dollar Rettungsaktion von Seiten Washingtons schrumpft die mexikanische Wirtschaft um 7% und 2 Mio. Menschen verlieren auf einen Schlag ihre Arbeit - eine der schlimmsten Rezessionen in der mexikanischen Neuzeit

*August 1996: Die Zapatistas brechen die Verhandlungen mit der mexikanischen Regierung ab, weil diese bis dahin nichts unternahm, um das Abkommen von San Andres zu implementieren

*Dezember 1997: Massaker von 45 Indigenas, hauptsächlich Frauen und Kinder, im Dorf Acteal durch bewaffnete Männer, die in Beziehung zu den lokalen PRI-Bossen stehen

*Juli 1997: Cuauhtémoc Cárdenas wird der erste direkt gewählte Bürgermeister von Mexiko-Stadt, was den Niedergang der Macht der PRI signalisiert

*Februar 2000: Die Polizei beendet den 292-tägigen Studentenstreik und die Besetzung der Nationalen Autonomen Universität von Mexiko-Stadt, eine Aktion, die wegen der geplanter Erhöhungen der Studiengebühren begann

*Juli 2000: Vicente Fox von der PRN gewinnt die Präsidentschaftswahlen und beendet damit die 71-jährige Herrschaft der PRI

*März 2001: Die Zapatistas führen einen 2-wöchigen Marsch (Busfahrt mit Kundgebungen) durch, der in Mexiko-Stadt abgeschlossen wird, wo sie den mexikanischen Kongress aufrufen, das Gesetz zu indigenen Rechten zu verabschieden, das auf dem Abkommen von San Andres beruht

*Mai 2001: Der mexikanische Kongress verabschiedet eine stark verwässerte Version des Gesetzes zu indigenen Rechten

*September 2001: Die Rezession trifft die mexikanischen Maquiladoras und reduziert den Export, in Folge der verschärften Grenzkontrollen und der Rezession nach dem 11. September schrumpft die Wirtschaft im III. Quartal um 1,6%

*Oktober 2001: Digna Ochoa, eine Menschenrechtsanwältin, wird ermordet, der Beweis einer möglichen Beteiligung der Armee scheitert am mexikanischen System

*März 2002: Die ehemalige Bürgermeisterin von Mexiko-Stadt, Rosario Robles, wird nach einer umstrittenen Wahl zur Vorsitzenden der PRD

*März 2002: Mexiko ist Gastgeber einer UNO-Konferenz zur Entwicklungsfinanzierung, auf der die (reichen) Länder versprechen, die finanzielle Unterstützung für Länder der Dritten Welt zu erhöhen.

Weiterführende Literatur und Weblinks

Deutsch

Boris, Dieter und Sterr, Albert (2002): FOXtrott in Mexiko. Demokratisierung oder Neopopulismus?, Köln.

Durán, Marta und Boldrini, Massimo (1999): Acteal, Chiapas ... Weihnachten in der Hölle, Bremen.

Kampkötter, Markus (2003): Emiliano Zapata. Vom Bauernführer zur Legende, Münster.

Kanzleiter, Boris und Pesara, Dirk (1997): Die Rebellion der Habenichtse. Der Kampf um Land und Freiheit gegen deutsche Kaffeebarone in Chiapas, Berlin.

Kerkeling, Luz (2003): La Lucha Sigue - der Kampf geht weiter. EZLN - Ursachen und Entwicklungen des zapatistischen Aufstands, Münster. *Dort umfangreiches Literaturverzeichnis und Homepages zu Gesellschaft, Politik und Geschichte Mexikos im Allgemeinen und Chiapas im Besonderen.*

Mols, Manfred (1981): Mexiko im 20. Jahrhundert - politisches System, Regierungsprozess und politische Partizipation, Paderborn.

Montalbán, Manuel Vázquez (2000) : Marcos - Herr der Spiegel, Berlin.

Schmidt, Gerold (1996): Der Indio-Aufstand in Chiapas. Versuch einer demokratischen Revolution, München.

Subcomandante Marcos (2003): Der Kalender des Widerstandes. Zur Geschichte und Gegenwart Mexikos von unten (Hg. Gruppe B.A.S.T.A.), Frankfurt a.M.

Englisch

Coe, Michael D. and Koontz, Rex (2002): Mexico: From the olmecs to the Aztecs, London.

Cotter, Joseph (2003): Troubled harvest. Agronomy and revolution in Mexico 1880-2002, Westport, Connecticut.

Harvey, Neil (1998): The Chiapas rebellion. The struggle for land and democracy, Durham & London.

Ledesma Arronte, Ernesto, Castro Soto, Gustavo E., Lewis, Tedford P., u.a. (2000): Always near, always far: the armed forces in Mexico, Mexico D.F.

Porter, Robert, M. (2002): Coffee farmer's revolt in southern Mexico in the 1980s and 1990s, Lewiston, New York.

Ross, John (1995): Rebellion from the roots. Indian uprising in Chiapas, Monroe, Maine.

Ross, John (2000): War against oblivion. The Zapatista chronicle, Monroe, Maine.

(Nur deutschsprachige) Websites:

Solidaritäts- und Menschenrechtsgruppen:

Gruppe Direkte Solidarität, Zürich (Zapatista-Solidarität, Informationen, umfangreiches Archiv, Buchladen, fairer Kaffee aus zapatistischen Kooperativen, Links): http://www.chiapas.ch/

Gruppe B.A.S.T.A., Münster (Zapatista-Solidarität, Informationen, umfangreiches Archiv, Buchladen, Links): http://www.gruppe-basta.de/

Gruppe Zapapres, Hamburg (Zapatista-Solidarität, Informationen, Archiv, Links) http://www.zapapres.de/

Oekumenisches Büro für Frieden und Gerechtigkeit, München (mit einer speziell zu Mexiko arbeitenden Gruppe, Informationen Menschenrechtsarbeit, Links): http://www.oeku-buero.de/

Mexiko Plattform Wien (Menschenrechtsbeobachtung in Chiapas, Informationen): http://www.oneworld.at/mexiko-plattform/frames2.htm

Gruppe CAREA (Menschenrechtsbeobachtung in Chiapas, inklusive Vorbereitungsseminare, Informationen, Links): http://www.buko.info/carea/index.html

Amnesty International, Ortsgruppe Jena (Urgent Actions und umfangreiches Nachrichten-Archiv zu Mexiko und Chiapas, vor allem auf Informationen vom Nachrichtenverteiler Chiapas98 - siehe unten - basierend): http://www.amnesty-jena.de/

Forschungs- und Dokumentationszentrum Chile-Lateinamerika (Solidarität mit linken Bewegungen in Lateinamerika, einschließlich Zapatiastas): http://www.fdcl-berlin.de/

Kaffee-Kooperative Libertad (Fairer Handel mit Kaffee aus zapatistischen Kooperativen, Informationen, Links): http://www.cafe-libertad.de/

Alternative Informationsquellen

Poonal (wöchentliche Nachrichtenzusammenfassung zu Ereignissen in Lateinamerika, einschließlich Mexiko): http://www.npla.de/poonal/archiv.html

Monatszeitschift ila (Informationsstelle Lateinamerika, Inhaltsverzeichnisse und ausgewählte Artikel online verfügbar, Links): http://www.ila-bonn.de/lateinamerika/home.htm

Monatszeitschift Lateinamerikanachrichten (ausgewählte Artikel online verfügbar): http://www.lateinamerikanachrichten.de/

CIEPAC (Centro de Investigaciones Económicas y Políticas de Acción Comunitaria, Mexikanische Nichtregierungsorganisation, die ein Fülle von Bulletins archiviert hat, von denen viele auch auf Englisch und einige auf Deutsch verfügbar sind): http://www.ciepac.org/bulletins/indexguide.htm

Mainstream-Informationsseite (›Chatliste‹) zu Mexiko (Reise, Essen, Wirtschaft, Musik) mit einer Unterseite auch zu Menschenrechten, zu der man sich aber gesondert anmelden muss: http://mexiko-mexico.de/phpBB2/index.php

Schließlich gibt es noch den online-Informationsdienst *Chiapas98,* über den laufend Nachrichten (aus linker Perspektive) zu Chiapas, Mexiko und aus der deutschen Soli-Szene verschickt werden. Anmeldung bei pcl@jpberlin.de.

Register

Gloria Muñoz Ramírez

EZLN: 20+10 – Das Feuer und das Wort

ca.300 Seiten, zahl.Abb., ISBN: 3-89771-021-8, ca.18 €

Das offizielle Jubiläumsbuch der Zapatistas gibt, so Subcomandante Marcos, den bisher vollständigsten Überblick über das öffentliche Wirken der EZLN. 20 und 10 – das sind 20 Jahre Bestehen der EZLN, 10 Jahre Vorbereitung und 10 Jahre Krieg. Mitglieder der EZLN, aufständische Soldaten und Compañeros kommen zu Wort und erzählen auch aus ihrer persönlichen Sicht über die ersten zehn Jahre.

Luz Kerkeling

La Lucha sigue - Der Kampf geht weiter

Ursachen und Entwicklungen des zapatistischen Aufstands

304 Seiten, Br., ISBN 3-89771-017-X, 16 €

»Kerkelings Buch ist eine durch und durch erfreuliche Erscheinung: kenntnisreich, genau, verständlich, lehrreich, gleichermaßen als politische Analyse, internationales Lexikon, Globalisierungskritik und kritisches Reisebuch zu verwenden.« gwr

»präzis und faktenreich«
WDR 3 – Der Wochentipp

Markus Kampkötter

Emiliano Zapata

Vom Bauernführer
zur Legende

176 Seiten, B5, viele historische Abbildungen
neuaufgelegt, ISBN 3-89771-012-9, 16 €

»Markus Kampkötter beschreibt Hintergründe und Verlauf der Revolution kenntnisreich und spannend. (...) lesenswert für alle, die sich mit den Zapatistas beschäftigen wollen.«
Wechselwirkung

UNRAST

UNRAST Verlag • Postfach 8020 • 48043 Münste

Tel. (0251) 666293 • Fax. (0251) 66612

info@unrast-verlag.de